Inhalt

Vorwort

Bald ist es wieder soweit, der erste Skitag steht vor der Tür. Sie haben sich entschlossen, ein richtiger Skifahrer zu werden. Dazu kann man Sie beglückwünschen. Neben der Aussicht auf verschneite und verträumte, aber auch rasante und riskante Skiurlaubstage Fragen über Fragen in der Zeit davor: Ob die neuen Ski gut laufen? Hoffentlich drücken die Skischuhe nicht! Soll ich einen Skikurs machen? Hoffentlich reicht meine Kondition! Ist es sehr schwer, ein guter Skiläufer zu werden?

Skilaufen lernen ist nichts für Autodidakten. Wenn Sie Ihre Bögen und Schwünge von Anfang an richtig und sicher erlernen möchten, dann gibt es nur eine vernünftige Entscheidung: einen Skikurs machen unter der Obhut eines geprüften Skilehrers. Fachkundige und praxisgerechte Anleitung kann nur eine moderne Skischule vermitteln – und zwar eine Skischule, die ihren Schülern möglichst wenig Steh- und Gehzeit, sondern viel Übungs- und Fahrzeit garantieren kann. Aber auch schon fortgeschrittene Skiläufer tun gut daran, ihre skifahrerischen Fertigkeiten am Anfang des Winters in Praxis und Theorie wieder etwas aufzufrischen – zu ihrer eigenen Sicherheit. So gesehen, kann und will dieses neue Skibuch nicht den Skikurs ersetzen.

Der moderne Skilehrer ist jedoch alles andere als der »Gaudibursch« von Anno dazumal. Seine Aufgabe liegt aber auch nicht nur in der Vermittlung der aktuellen Skitechnik, sondern er muß sich vor allem das Ziel setzen, die Skischüler zu sicherem Verhalten, d. h. zu risikobewußtem Skifahren

Vorwort

zu erziehen. Natürlich hat der wachsende Wintertourismus auch die Umweltdiskussion im alpinen Skisport angeregt. In zunehmendem Maße wird der Skiurlauber umweltsensibler. Jeder, der Skifahren als Naturerlebnis schätzt, muß sich damit auseinandersetzen, wie der Erholungsraum Alpen in Zukunft geschützt werden kann, ohne daß die Erlebnismöglichkeiten für den Menschen allzusehr eingeschränkt werden müssen.

Viele Skifahrer haben heute die ständige Pistenraserei satt, immer mehr suchen und finden ihr Skivergnügen im Gelände, abseits frequentierter Pisten. Pistenfahren ist out – Tiefschneefahren heißt die Herausforderung. Noch vor 50 Jahren war der alpine Skisport ein reiner Tiefschneesport.

Gerade für das Fahren im Gelände und im Tiefschnee muß man ganz spezielles skitechnisches Verhalten trainieren, was häufig im Skikurs zu kurz kommt. Dieses Buch versucht, allen Skifahrern praktische Tips und Erfahrungen für das sichere Verhalten im Gelände und den richtigen »Umgang« mit Tiefschnee zu vermitteln – in der Hoffnung, daß es Ihnen allzeit ein nützlicher Ratgeber sein wird.

Noch etwas: Der größte Teil der Fotos zeigt Skilehrer des Demonstrationsteams des Bundessportheims St. Christoph am Arlberg, unter der Leitung von Prof. Franz Hoppichler, die alle von Peter Stückl und Sepp Mallaun stammen. Wer von diesen faszinierenden Fotos nicht zum Skifahren motiviert wird, der kann nie und nimmer vom »Skibazillus« befallen werden.

Eigentlich sehr schade.

Einführung

Nicht jeder ist zum Skifahren geboren, fährt aber trotzdem, leidenschaftlich gern sogar – mehr schlecht als recht. Vielleicht ein Leben lang.
Nicht jeder, der sich skisportlich betätigt, hat auch die richtige Einstellung zum Skisport (und wird sie vielleicht auch nie finden!). Kein Wunder, schließlich kann sich heute jedermann den Freizeitsport Skilauf »erkaufen«. Nach dem Motto: Probieren geht über studieren.
Mit dem »Kaufenkönnen« sind jedoch noch lange nicht alle Voraussetzungen erfüllt, um ein guter und sicherer Skifahrer zu werden. Und ein guter Skifahrer wollen Sie doch werden, oder?
Auf dem Weg zu diesem Ziel treten – mehr oder weniger ausgeprägt – immer wieder kleinere oder größere Probleme und vor allem stets die gleichen Schwierigkeiten auf.
Wenn Sie all diesen Schwierigkeiten aus dem Weg gehen möchten oder wenigstens versuchen wollen, einige davon zu vermeiden, dann sollten Sie sich zunächst, gleich welcher Könnensstufe, einige kritische Fragen stellen. Das ist wichtig, um die Probleme erkennen zu können.

Tiefschneefahren – Faszination pur.
Wer sicher den Berg herunterkommen möchte, muß sich, in Praxis und Theorie, mit vielen Fragen auseinandersetzen.

Beantworten Sie die folgenden Fragen ganz ehrlich; es wird Ihnen bestimmt weiterhelfen.

1. Ausrüstung

Sind Sie sicher, daß Ihre gekaufte Skiausrüstung Ihren persönlichen Anforderungen und Voraussetzungen (Alter, Gewicht, Körpergröße, Kondition und Motivation) entspricht?

Haben Sie sich vor dem Kauf Ihrer Ausrüstung anhand von Testberichten (Stiftung Warentest) oder Erfahrungen (Skilehrer, Skiexperten, Freunde und Bekannte) über Qualität und Funktionalität der einzelnen Teile informiert sowie ihrer Eignung entsprechend beraten lassen?

Sind Ihnen die vorliegenden Normvorschriften hinsichtlich Qualität, Sicherheit und Eignung bekannt?

Sind Sie sich über die jeweilige Funktion Ihrer Skiausrüstung im klaren?

Wissen Sie z. B. darüber Bescheid, wann und wie Ihre Skibindung auslösen müßte?

Können Sie mit Ihrer individuellen Skibindungseinstellung umgehen?

Wie kontrollieren Sie Ihre Bindungseinstellung?

Was wissen Sie über Skipflege?

Können Sie Ihre Ski selbst wachsen und irgendwelche Mängel (Belag, Kanten) ausbessern?

Was wissen Sie über die Wartung Ihrer Skibindung?

2. Konditionelle und körperliche Eigenschaften

Welchen allgemeinen Konditionszustand (normal, gut, schlecht) besitzen Sie?

Woran erkennen Sie Konditionsmängel?

Können Sie beurteilen, wann Sie beim Skifahren Pausen einlegen müssen?

Ist Ihnen bekannt, daß schnelles Fahren, harte Pisten und Tiefschneefahren eine sehr gute Kondition voraussetzen?

Bei welcher Belastung treten bei Ihnen Konditionsmängel auf?

Haben Sie sich schon einmal über die Ski-Konditionstrainingsmöglichkeiten in Ihrer Nähe informiert?

Haben Sie sich schon speziell konditionell auf das Skifahren vorbereitet?

Wie verändert sich Ihre psychische Verfassung, wenn Sie sich körperlich anstrengen müssen?

3. Skitechnik und Fahrverhalten

Welche Skitechnik beherrschen Sie?

Welche Schwungformen kennen und können Sie?

Welche skitechnischen Fertigkeiten möchten Sie lernen?

Können Sie zuverlässig beurteilen, wie schnell Sie mit Ihrer Skitechnik abfahren sollten?

Wie verhalten Sie sich bei schlechter Sicht, Schneefall und Nebel?

Können Sie sicher beurteilen, welches Gelände und welche Abfahrten Sie mit Ihrer Skitechnik sturzfrei bewältigen?

Können Sie Ihre technisch und konditionell optimale Fahrgeschwindigkeit richtig dosieren?

Wie verhalten Sie sich, wenn Ihre Ski durchgehen?

Können Sie Fahrfehler selbst korrigieren?

Haben Sie noch Probleme bei der Schwungauslösung oder der Schwungsteuerung?

Können Sie auch kurze Schwünge fahren?

Fühlen Sie sich schon in der Buckelpiste sicher?

Wie sicher fühlen Sie sich im Tiefschnee?

Wie reagieren Sie, wenn die Ski verkanten?

Wie reagieren Sie, wenn Sie stürzen?

Beherrschen Sie auch einen möglichen »Notsturz«?

Wärmen Sie sich vor der Abfahrt auf?

Erkennen Sie rechtzeitig, wenn Sie Schluß machen sollten?

4. Gelände, Schnee, Wetter

Können Sie beurteilen, welches Gelände leicht oder schwierig ist?

Kennen Sie die verschiedenen Geländeformen, Hangsituationen, Schneeverhältnisse?

Wissen Sie, welches Gelände und welche Schneeverhältnisse ungefährlich, gefährlich oder unbefahrbar sind?

Sind Sie sicher darüber, welche besonderen Geländehindernisse und Abfahrtsschwierigkeiten Sie bewältigen können?

Sind Sie in der Lage, eine Art Geländeanalyse anzufertigen?

Kennen Sie die wichtigsten alpinen Gefahren?

Welche Gefahrenpunkte einer Skipiste sind Ihnen vertraut?

Wissen Sie, in welchem Gelände unter welchen Voraussetzungen Lawinengefahr besteht?

5. Pistenregeln und Sicherheit im Skisport

Kennen Sie die Internationalen Pistenregeln?

Kennen Sie die Pistenmarkierungen?

Kennen Sie die gültigen Regeln fürs Liftfahren?

Kennen Sie die Alpinen Not- und Rettungssignale?

Wie verhalten Sie sich auf der Piste gegenüber Pistenraupen? Welche Maßnahmen ergreifen Sie bei Skiunfällen hinsichtlich Erster Hilfe?

Das waren **50 ausgewählte Fragen.** Fragen, mit denen Sie im Laufe eines Skifahrer-Lebens immer wieder konfrontiert werden. Fragen, auf die Sie in der Skipraxis jederzeit eine Antwort geben können sollten. Das Buch will Ihnen dabei helfen – keine Frage.

Schon seit Jahren weiß man, daß neben einer sicheren Ausrüstung vor allem eine gute körperliche Fitneß ganz wesentlich zur Sicherheit beim Skilaufen beiträgt.
Besonders deutlich wird das, wenn man sich vergegenwärtigt, welche **Anforderungen** in psychischer und physischer Hinsicht auf den Skiläufer einwirken können.
Da heute immer mehr konditionsschwache Personen aus zum Teil alpenfernen Regionen mit dem Skisport beginnen oder intensiv erleben möchten, muß auf die Bedeutung eines gezielten Ski-Konditionstrainings besonders hingewiesen werden. Aber auch im Hinblick auf die skitechnische Könnenssteigerung spielt die Kondition eine wichtige Rolle. **Sind Mängel in der Kondition vorhanden, kann die perfekte Technik nie erlernt werden. Je perfekter die Technik beherrscht wird, um so wirksamer können die konditionellen Eigenschaften eingesetzt werden.**
Man muß wissen, daß

- sicheres Fahren eine Minimalkondition erfordert,
- schnelleres Fahren eine gute Kondition voraussetzt,
- Fahren auf Eis und in Buckelpisten eine sehr gute Kondition notwendig macht,
- Fahren im Tiefschnee und bei schlechten Schneeverhältnissen ohne sehr gute Konditon äußerst risikoreich ist.

Zweck und Ziel des Ski-Konditionstrainings

Nur eine gezielte konditionelle Vorbereitung mit der richtigen Dosierung des Konditionstrainings im Hinblick auf die beim alpinen Skisport auftretenden körperlichen Anforderungen und Belastungen entwickelt die richtige Ski-Kondition.

Zweck eines richtig praktizierten Konditionstrainings ist:

- Die Muskulatur zu lockern, zu dehnen und zu kräftigen.
- Die Bewegungsmöglichkeit des Skiläufers so zu verbessern, daß alle Gelenke, Muskeln, Sehnen und Bänder uneingeschränkt bewegt werden können.
- Die Koordinationsfähigkeit, die für Skiläufer eine sehr wichtige Fähigkeit ist, hinsichtlich der gekonnten Ausführung von Bewegungen zu steigern.
- Die sportmotorischen Eigenschaften Kraft, Ausdauer, Schnelligkeit, Gewandtheit und Gelenkigkeit so zu trainieren, daß jeder Skiläufer mit einer guten Kondition seinen Skiurlaub antreten kann.

Welche Konditionselemente sind für den Skisportler wichtig?

Im Rahmen des skigymnastischen Konditionstrainings müssen vor allem untenstehende körperliche Fähigkeiten trainiert werden:

Die Grafik macht deutlich, welchen Anteil die einzelnen Eigenschaften im Rahmen des Konditionstrainings haben.

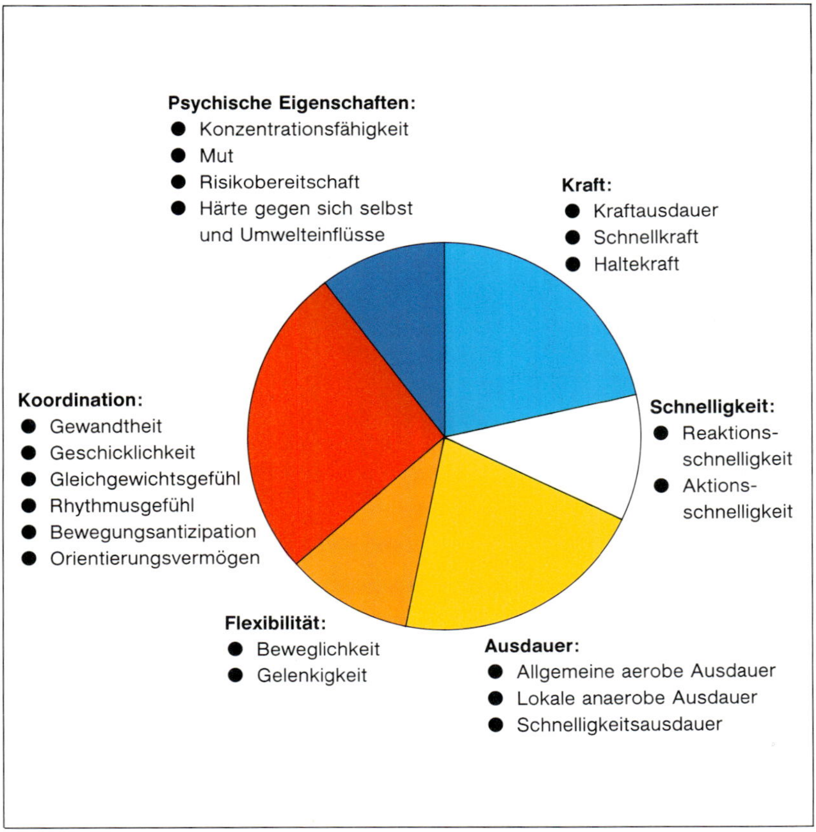

Grundeigenschaften	Bedeutung
Kraft Körperliche Kraft versetzt den Menschen in die Lage, eine Masse – seinen eigenen Körper, ein Sportgerät, eine andere Last – zu bewegen oder gegen eine von außen angreifende andere Kraft Widerstand zu leisten. Die Kraft ist die wichtigste der physischen Grundeigenschaften.	Die Bewegungen beim Skilaufen erfordern eine gewisse Beinkraft, aber auch der Bauch- und Rückenmuskeln. Die Beinkraft ist teils als Haltekraft, teils als Schnellkraft, teils als Kraftausdauer zu trainieren. **Haltekraft** wegen dauernder Beugung im Kniegelenk, z. B. bei der Schußfahrtstellung. **Schnellkraft** wegen Ausführung von schnellen Bewegungen bei hoher Geschwindigkeit, z. B. beim »Schlucken von Buckeln«.
Schnelligkeit Die Schnelligkeit ist diejenige Bewegungseigenschaft, durch die Bewegungsabläufe mit hoher Geschwindigkeit ausgeführt werden können.	Im Sinne der Reaktionsschnelligkeit bei unvorhersehbaren Situationen notwendig. Auch zur Ausführung schneller Drehungen (Slalom).
Ausdauer Die Ausdauer ist die Fähigkeit des Menschen, eine Bewegung über einen längeren Zeitraum hinweg auszuführen und dabei der Ermüdung zu widerstehen.	Skilaufen erfordert nicht nur allgemeine Ausdauer (Kreislaufanpassung), sondern auch spezielle Kraftausdauer (Beine), um über eine oder mehrere Abfahrten hinweg gleiche Leistungen zu bringen.
Beweglichkeit/Gelenkigkeit Sie ist diejenige Eigenschaft des Menschen, die es ihm ermöglicht, alle Gelenke und Gelenkkombinationen ungehemmt mit großer Schwingungsweite zu bewegen. Die Beweglichkeit ist Voraussetzung für die Herausbildung der Gewandtheit und Schnelligkeit, aber auch der Ausdauer und Kraft.	Ohne ausreichende Beweglichkeit der Wirbelsäule und Gelenke sowie Dehnfähigkeit der Muskulatur ist die Skitechnik nicht perfekt zu erlernen. Große Gelenkigkeit wirkt sich auf die Koordinationsfähigkeit und das Gleichgewichtsvermögen positiv aus.
Gewandtheit/Geschicklichkeit Unter Gewandtheit versteht man eine gute Koordinationsfähigkeit der Motorik des gesamten Körpers auf der Grundlage einer großen Beweglichkeit der Nervenprozesse.	Wichtig bei der zeitlichen und räumlichen Steuerung von Bewegungsabläufen in verschiedenen Fahrsituationen hinsichtlich einer rationellen Technik, Gleichgewichtsvermögen, Wendigkeit der unteren Extremitäten.

Welche Muskeln müssen trainiert werden?

Welche Muskeln müssen trainiert werden?
Nach einer amerikanischen Untersuchung legt ein Mensch täglich ca. 20000 Schritte zurück – das entspricht einer Wegstrecke von etwa 14 km. Die dabei geleistete Muskelarbeit entspricht der Arbeit beim Aufladen einiger Dutzend Tonnen Weizen auf einen 1,20 m hohen Wagen.
Welche Muskelarbeit wohl ein Tag Buckelpiste erfordert? Die beim Skifahren zu leistende Muskelarbeit konzentriert sich primär auf die **Beinmuskulatur** (Hüft- und Kniestrecker), sekundär auf die **Rumpfmuskulatur** (Rücken- und Bauchmuskulatur) sowie die **Armmuskulatur** (Armstrecker). Entsprechend der hauptsächlichen Bewegungsstrukturen beim Skilaufen werden vor allem folgende **Muskelgruppen** beansprucht:

Abfahrtshocke
Nackenmuskulatur
Rückenmuskulatur
Hüft- und Kniestreckmuskulatur
großer Gesäßmuskel
vierköpfiger Oberschenkelmuskel
dreiköpfiger Wadenmuskel

Umsteigeschwünge
Adduktoren der Beine

Scher- und Klammerbewegungen
Hüftlendenmuskel
Adduktoren der Beine
Hüft- und Kniestreckmuskulatur
Extensoren des Fußes
breiter Rückenmuskel

Rotations-, Ausgleichs- und Rumpfdrehbewegungen
großer Brustmuskel
gerade und schräge Bauchmuskulatur
Rückenstreckmuskulatur
Hüftbeugemuskeln
Plattsehnenmuskel

Stockeinsatz
Armstreckmuskeln (dreiköpfiger Armmuskel)
Handbeuge- und -streckmuskulatur
Deltamuskel
Auswärts- und Einwärtsdreher der Hand

Atmung
Brustmuskulatur

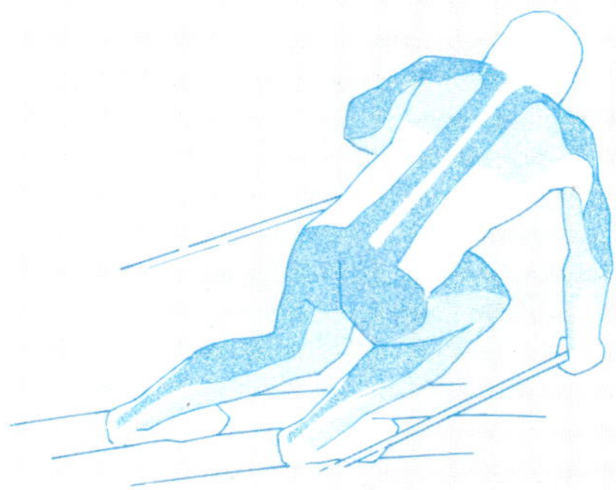

»Oberflächige« Darstellung der beim Skifahren beanspruchten Muskulatur.

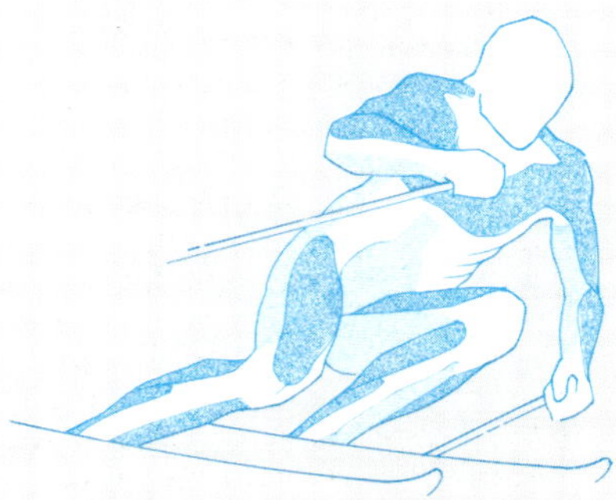

Die komplexen körperlichen Anforderungen sind im Rennsport besonders extrem.

Hinsichtlich der **Trainierbarkeit** gibt es zwischen Mann und Frau nicht nur anatomische Unterschiede:

1. Ungünstigeres Verhältnis von Muskulatur zu bewegender Körpermasse bei Frauen.

Gesamtkörpergewicht

	Fettanteil	Muskelanteil
Frauen	25–30%	23–35,8%
Männer	10–18,2%	40–41,8%

2. Die Trainierbarkeit weiblicher Muskeln ist geringer, denn die weibliche Muskulatur bringt pro cm^2 Querschnittsfläche nur 75–80% der Kraftleistung auf, die ein männlicher Muskel bringen kann.

Das muß man wissen, wenn man Konditionsprogramme praktiziert. Die folgenden **Trainingsprogramme** sind so zusammengestellt, daß die **skispezifischen Beanspruchungsformen gezielt** trainiert werden können. Die Übungsauswahl beschränkt sich auf bewährte Übungsformen, die zu Hause genauso wie im Verein durchgeführt werden können.

Allgemeines Konditionstraining

Das allgemeine Konditionstraining soll die Grundlage für eine gute körperliche Verfassung schaffen. Eine gesamtathletische Ausbildung, also Training von Körper und Kreislauf, wird dabei angestrebt. Neben den körperbildenden, gymnastischen Trainingsformen ist das **Ausdauertraining,** besonders für Skilangläufer, sehr wichtig.

Als besonders ideale Trainingsform wird häufig das sogenannte **»Fahrtspiel«** praktiziert, eine aus der Leichtathletik bekannte Methode, die aus Schweden kommt, in jedem Gelände durchgeführt werden kann und sehr abwechslungsreich ist. Fahrtspiel bedeutet spielerisches Laufen ohne festgelegtes Trainingspensum – jeder nach seinem Geschmack.

Der Skiläufer kann das »Fahrtspiel« zusätzlich kombinieren mit verschiedenen Übungen zur Verbesserung der **Beweglichkeit, Beinkraft** und des **Gleichgewichtsvermögens.** Somit ist das Training draußen – im Wald oder Gelände – eine ganz gezielte Vorbereitung auf die speziellen Anforderungen (z. B. wechselnde Hangneigungen) und verschiedenen Situationen (z. B. Anpassung an Gelände und Umweltreize) beim Skilaufen.

Trainingsform »Fahrtspiel«.

Teil 1:	Aufwärmen	1. Leichtes Traben	Dauer 15 Min.
		2. Gymnastik in Verbindung mit Laufen (um Bäume laufen, laufen mit Armkreisen usw.)	Dauer 5–10 Min.
		3. Steigerungsläufe über 100 m – 10mal	Dauer 10 Min.
Teil 2:	Laufrhythmus	5–10 Läufe in leicht fallendem Gelände mit lebhaftem Rhythmus. Dazwischen Lockerungsübungen	Dauer 15 Min.
Teil 3:	Tempoläufe	Über 300–800 m mit ebenso langen Gehpausen (5mal)	Dauer 15 Min.
Teil 4:	Auslaufen	Leichtes Traben bis zur Beruhigung der Atmung	

12 Übungen für das allgemeine Konditionstraining

für sportliche Beginner und bereits Geübte (modifiziert nach Grosser)

Nr.	Übung	Anatomischer Bereich		Trainingswoche				
		Hauptwirkung	Nebenwirkung	1./2.	3./4.	5./6.	7./8.	9./10.
1	Hampelmann	Arme/Schulter, Hüfte/Beine	Rumpf	5 **8**	8 **12**	12 **15**	15 **18**	18 **22**
2	Armkreisen vor- und rückwärts	Arme/Schulter	Hüfte/Rumpf	8 **12**	10 **16**	12 **20**	14 **24**	16 **28**
3	Kniebeugen	Hüfte/Beine	Schulter, Rumpf	3 **6**	5 **8**	7 **10**	10 **12**	14 **16**
4	Holzhacken	Bauch	Schulter, Rumpf, Hüfte	3 **6**	5 **8**	7 **10**	9 **12**	12 **16**
5	Rumpfkreisen	Rumpf/Hüfte	Beine	4 **6**	6 **8**	8 **10**	10 **12**	12 **16**
6	Liegestütz vorlings	Arme/Schulter	Rumpf/Hüfte	3 **5**	5 **7**	7 **10**	9 **13**	12 **16**
7	Bauchschaukel	Rücken/Hüfte	Schulter, Beine	4 **6**	6 **9**	8 **12**	10 **15**	12 **18**
8	Hock-Streck-sprünge	Hüfte/Beine	Rumpf	3 **5**	4 **6**	5 **7**	6 **9**	7 **12**
9	Taschenmesser	Bauch/Hüfte/Beine	Arme/Schulter, Rumpf	3 **5**	4 **6**	5 **7**	6 **9**	7 **11**
10	Beinwirbel (Skippings)	Beine	Rumpf/Hüfte	10 **12**	12 **15**	14 **18**	16 **22**	18 **25**
11	Liegestütz vorlings: Beckenkreisen	Rücken	Arme/Schulter, Hüfte/Beine	4 **6**	6 **8**	8 **10**	10 **12**	12 **15**
12	Beidbeiniges Hüpfen am Ort	Beine	Rumpf/Hüfte	5 **7**	7 **10**	10 **14**	14 **17**	17 **20**
Gesamtbewegungseinheiten				55 **100**	94 **133**	123 **167**	153 **203**	185 **249**

Wiederholungszahl (Normaldruck) für:

- sportliche Beginner aller Art und jeden Alters
- Skianfänger (Langlauf und Alpin)
- Jugendliche bis 14/15 Jahre.

Wiederholungszahl **(halbfetter Druck)** für:

- konditionell bereits Geübte
- geübte Skiläufer (Langlauf und Alpin).

12 Übungen für die allgemeine Kondition

1

2

3

4

5

6

7

8

9

10

11

12

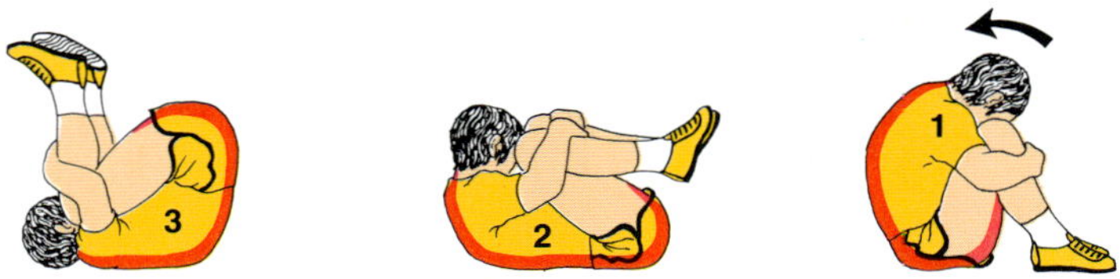

1a

Sturzübungen

1b

Dehnübungen müssen gefühlvoll ausgeführt werden. Extreme Dehnungen anfangs vermeiden, zunächst nicht bis an die Schmerzgrenze gehen. Die rot markierten Körperbereiche werden jeweils »gestretcht«.

Zeitdauer der Anspannung:

1a 10mal vor- und zurückrollen
1b 10mal vor- und zurückrollen

2a 10 sec
2b 10 sec
2c 10 sec

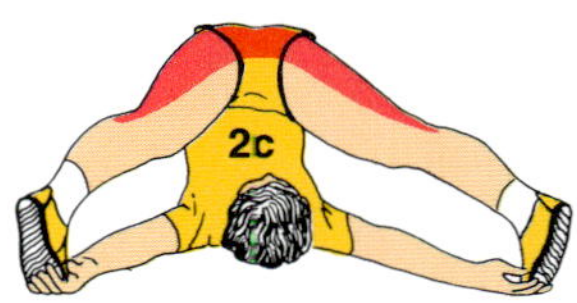

3a 20–30 sec
3b 20–30 sec
3c 30 sec
3d 30 sec
3e 30 sec

4a 20–30 sec
4b 20–30 sec
5 10–20 sec

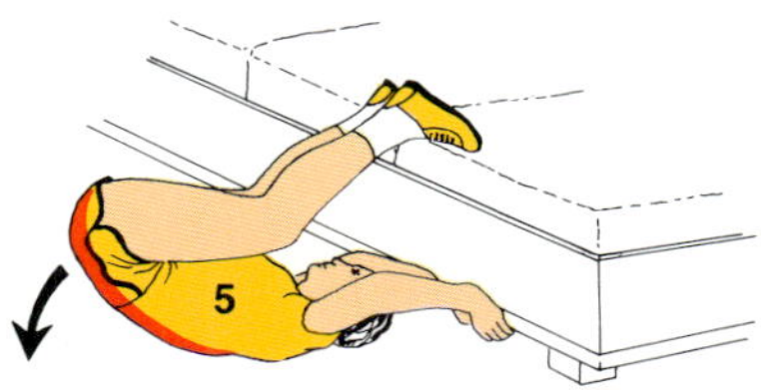

Dehnübungen für Skiabfahrer

Während des Trainings ruhig und rhythmisch atmen, keine stoßartigen Bewegungen machen, die richtige Dehnung muß man »erfühlen«.

Zeitdauer der Anspannung:

1	20 sec	**5**	20 sec	**9**	20 sec
2	30 sec	**6**	20 sec	**10**	jeweils 5mal 5 sec
3	20 sec	**7**	20 sec	**11**	jeweils 5mal 5 sec
4	30 sec	**8**	jeweils 10mal	**12**	20 sec

Dehnübungen

Neben der Muskelkräftigung, der Koordinations-Verbesserung, der Beweglichmachung und Muskellockerung ist die **Muskeldehnung** ein wichtiger Teil des gymnastischen Konditionstrainings. Leider wird den **Dehnübungen** zugunsten der Muskellockerung im Trainingsprozeß sehr häufig aus dem Weg gegangen.
Vielleicht liegt der Grund darin, daß Dehnübungen meistens etwas »weh« tun. Doch nur ein dehnfähiger Muskel ist optimal leistungsfähig, macht die Muskulatur widerstandsfähiger, ermöglicht die höchste Gelenksbeweglichkeit und vermeidet Verletzungen. Dehnübungen sind für die Konditionsgymnastik des Skiläufers ein unentbehrlicher Bestandteil.

Zur Trainingspraxis

Dehnübungen sind nach langem Sitzen, Stehen oder wenn man sich steif fühlt, besonders wohltuend. Jeder Skiläufer kennt das: In bewegungshemmenden Skischuhen »gefesselt«, dabei häufig lange Wartezeiten am Lift erduldend, fühlt man sich von Tag zu Tag zunehmend steifer.
Dehnübungen, regelmäßig morgens vor dem Skifahren oder abends nach der Anstrengung durchgeführt, erhalten die Kondition und vermitteln das Gefühl des Fitseins.

Aufwärmen statt Kaltstarten empfiehlt sich auch vor jeder Abfahrt.

Welche Skitechnik ist die beste? – Das ist die häufig gestellte Frage eines fortgeschrittenen Skiläufers, die sich nur schwer beantworten läßt, denn es gibt im Skisport, genausowenig wie in anderen Sportarten, keine alleinseligmachende optimale Technik. Programmierbare Bewegungstechniken wird es beim Skifahren nie geben, weil die äußeren Bedingungen so unterschiedlicher Natur sein können und der Skifahrer sein Fahrverhalten diesen so verschiedenen Bedingungen ständig anpassen muß.

Deshalb muß die Skitechnik funktionell sein. Zwar gibt es eine Vielzahl von »normierten« Schwungformen, die in den Skilehrplänen der skifahrenden Nationen detailliert beschrieben werden.

Doch die Differenzierung der verschiedenen Schwungformen erfolgt meistens mehr nach der äußerlich erkennbaren **Bewegungsausführung** als der **Funktionalität** auf der Basis einer gewissen Grundtechnik.

Skifahren ist ein »Erlebnissport«. Neben dem Erlebnis der herrlichen Hochgebirgslandschaft ist es das Erlebnis des Gleitens und des rhythmischen Schwingens, das uns fasziniert. Nur die richtige funktionelle Skitechnik ermöglicht den Zugang zu völlig neuen Bewegungsgefühlen.

Die wichtigsten, bei allen Schwüngen immer wiederkehrenden skisportlichen **Bewegungsaktionen** sind:

- Beugen und Strecken der Beine sowie
- Drehungen im Fuß-, Knie- und Hüftgelenk in Verbindung mit Ausgleichsbewegungen der Wirbelsäule.

Bewegungsaktionen also, die wir von Kind an kennen und die eigentlich einfach bzw. den meisten bekannt sind. Die Schwierigkeit liegt jedoch darin, diese einfachen Bewegungsaktionen stets richtig zu dosieren, auf die verschiedenen Situationen abzustimmen und dabei Erfahrungen zu sammeln, wie man die Ski je nach **Schneeverhältnissen** (unterschiedlicher Schneewiderstand) und **Geländesituation** (unterschiedliche Stärke der Hangabtriebskraft) am besten **dreht, kantet, entlastet, belastet, steuert** oder **laufen** läßt. Die spezielle Bewegungserfahrung, die dafür notwendig ist, muß der Skifahrer erlernen und durch entsprechendes Üben komplettieren.
Jeder Skifahrer muß außerdem lernen, Fahrsituationen zu erkennen und mit entsprechenden Bewegungsaktionen darauf zu reagieren. Wer hier mit seiner Lernfähigkeit am Ende ist, wird nie ein guter Skifahrer. Neben **konditioneller** bedarf es dazu **koordinativer** Fähigkeiten.

Koordinative Fähigkeiten sind komplexe Leistungsvoraussetzungen für sportliche Tätigkeiten, durch die Steuerungs- und Regelungsprozesse des Bewegungsvollzuges bedingt sind. Die koordinativen Fähigkeiten können vor allem durch die Schulung **elementarer Verhaltensweisen** verbessert werden. Eine zentrale Rolle spielt dabei die **Gleichgewichtsfähigkeit,** die Fähigkeit, das statische und dynamische Gleichgewicht des Körpers, das beim Skilaufen ständig gestört wird, zu trainieren. Oder die **Reaktionsfähigkeit,** die den Skifahrer dazu befähigt, schnell und situationsgerecht zu reagieren. Oder die **Anpassungsfähigkeit,** die ständige Bewegungsbereitschaft, die es ermöglicht, auf veränderte Bedingungen einzugehen einschließlich der reaktiven Anpassung an Gerät, Gelände und den Rhythmus.

Bevor es in die Skipraxis geht, sollte sich jeder Skiläufer mit den Grundbegriffen und Fachausdrücken der »Skitheorie« beschäftigen.
Die wichtigsten Definitionen (gemäß der Kommission »Interterm« des Internationalen Berufsskilehrerverbandes) werden nachfolgend in Wort und Bild erklärt.

Schußfahrtstellung — Schrägfahrtstellung — Pflugstellung

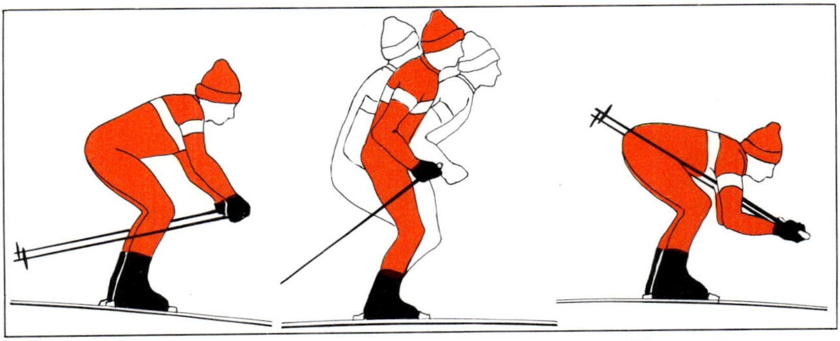

Abfahrtsstellung — Vorlage – Mittellage – Rücklage — Eiformstellung

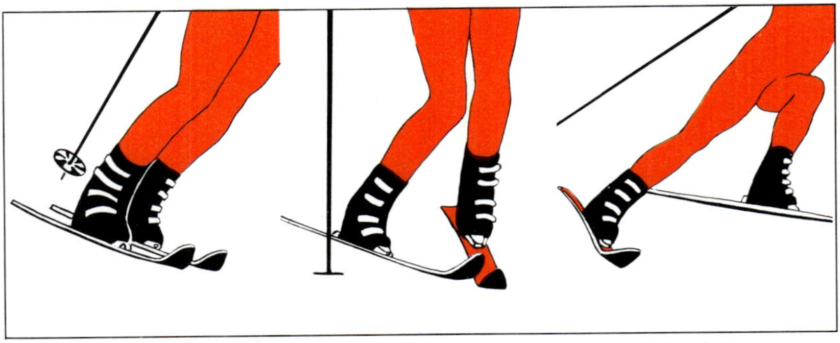

Parallele Skistellung — Stemmstellung — Scherstellung

Innenskibelastung Beidbeinige Skibelastung Außenskibelastung

Die alpine **Skitechnik** ist ein motorisches Lösungsverfahren für Aufgaben, die sich beim Skifahren stellen. »Motorisch« im Sinne der menschlichen Bewegungsfähigkeit.

Belastung ist eine Erhöhung des Druckes auf die Unterlage.

Entlastung ist eine Verminderung des Druckes auf die Unterlage. Die Entlastung ist mit einer Abwärtsbeschleunigung verbunden.

Belastungswechsel ist das Verlagern des größeren Druckanteiles von einem Ski auf den anderen.

Außenlage: Das ausgleichende Vor-Seitbeugen des Oberkörpers vom Hang gegenüber den zum Hang gedrückten Knien. Sie ist notwendig in der Schrägfahrt, im Seitrutschen und in der Schwungsteuerung.
Außenski: Der bei Bögen oder Schwüngen im Sinne der Richtungsänderung außen laufende Ski.
Innenski: Der bei Bögen oder Schwüngen im Sinne der Richtungsänderung innen laufende Ski.
Innenlage: Das »falsche« In-die-Kurve-Legen des beinahe gestreckten Körpers in der Schrägfahrt, beim Seitrutschen und in der Schwungsteuerung mit deutlicher Bergskibelastung.

Gegendrehen Andrehen Drehabstoß

Hochentlastung ist eine Entlastung als Folge einer Streckbewegung der Beine. Je schneller die Streckbewegung ausgeführt wird, desto größer ist die Entlastung.

Die **Hochbelastung** ist eine durch Streckbewegung der Beine erzeugte Belastung. Je schneller die Streckbewegung, desto wirkungsvoller die Belastung.

Tiefentlastung ist eine durch Beugen der Beine erzeugte Entlastung. Je schneller die Beugebewegung ausgeführt wird, desto wirkungsvoller ist die Entlastung.

Tiefbelastung ist eine Belastung als Folge eines Beugens der Beine. Je größer die Geschwindigkeit, mit der sich der Körperschwerpunkt abwärts bewegt, und je rascher diese Bewegung abgebremst wird, desto größer die Belastung.

Gegendrehen ist das aktive Drehen der Beine, das ein entgegengesetztes Drehen des Rumpfes bewirkt. Häufig ist eine Gegenstellung das Ergebnis eines Gegendrehens.
Das **Andrehen** ist eine Drehbewegung der Hüfte und des Oberkörpers im Sinne der folgenden Richtungsänderung, um einen Drehimpuls zu erzeugen und diesen auf die Ski zu übertragen.

Der **Drehabstoß** ist ein Abstoß von der Unterlage, der ein Andrehen und eine Hochentlastung erzeugt. Vielfach wird unter Rotieren ein Anrotieren mit größerem Bewegungsumfang verstanden.
Die Impulsübertragung kann z. B. durch Blokkieren (Bloquage) erfolgen.
Beinedrehen ist ein Gegendrehen mit sich beugenden oder streckenden Beinen gegen die Masse des Rumpfes. Einnehmen oder Vergrößern einer Winkelstellung durch eine Streckbewegung eines oder beider Beine wird aus methodischen Gründen häufig »Beinedrehen« genannt.

Auf der Stufe des **Ski-Anfängers** geht es zunächst um das Erlernen der verschiedenen **Bewegungsaktionen,** die man zum Drehen und Steuern der Ski, auf dem gleitenden Ski und in der Bewegung braucht und zunächst am Übungshang ausführen muß. Bewegungsschulung auf dem gleitenden Ski, also unter erschwerten Bedingungen, wobei das Gleichgewichtsgefühl besonders wichtig ist. Dabei lernt der Anfänger auch sehr schnell, daß jede Bewegungsaktion eine bestimmte **Funktion** hat, vor allem im Hinblick auf das richtige Verhalten im Gelände. Bestimmte Bewegungsstrukturen ziehen sich dabei wie ein roter Faden durch die gesamte Skitechnik.

Der **fortgeschrittene Skiläufer** muß sich dann mit der **funktionellen Anwendung** der bekannten Bewegungsstrukturen auseinandersetzen. Denn der gute Skiläufer, der in jedem Gelände fährt, wird seine Skitechnik ständig **modifizieren** müssen. Dabei kommt es ihm hauptsächlich auf das leichte Drehen und das schneidende Gleiten der Ski an, sein Problem ist die Schwungsteuerung und die Tempokontrolle. Außerdem verzichtet er meist auf die aktiven Entlastungsarten und bedient sich mehr der passiven, z. B. durch Ausnützung des Geländes.

Je nach Gelände verändert sich also z. B. die **Fahrstellung** des Skiläufers. Sie führt von einer normalen, locker gebeugten Grundstellung auf dem ganzen Ski bis zur Vor- und Rücklage und von einer aufrechten bis zu einer stark gebeugten Körperstellung in der Hocke. Auch die **Skistellung** beim Abfahren kann unterschiedlich sein: Sie ist entweder parallel (offen oder geschlossen) oder gewinkelt (Stemmstellung oder Scherstellung). Ebenso variiert die **Skiführung,** die sich den Gelände- und Schneeverhältnissen anpassen muß, von flach bis mehr oder weniger gekantet.

Bei den einzelnen Technikformen, die später demonstriert und erklärt werden, werden – je nach Anwendungsfunktion – die verschiedenen **Entlastungs-** und **Belastungsarten** und die dazu erforderliche Bewegungsausführung detailliert vorgestellt. Das gleiche gilt für alle Schwungtechniken hinsichtlich der **Schwungvorbereitung** (Vorbereitungsphase), der **Schwungauslösung** (Auslösungsphase) und der **Schwungsteuerung** (Steuerphase).

Beim Erlernen der skitechnisch richtigen Funktionsphasen »durchfährt« auch der bereits fortgeschrittene Skifahrer mehrere **Lernstufen,** die sich durch unterschiedliche Bewegungsformen charakterisieren lassen: Entwicklung der Technik in der **Grobform (Grobkoordination),** Verfeinerung und Automatisierung der Technik

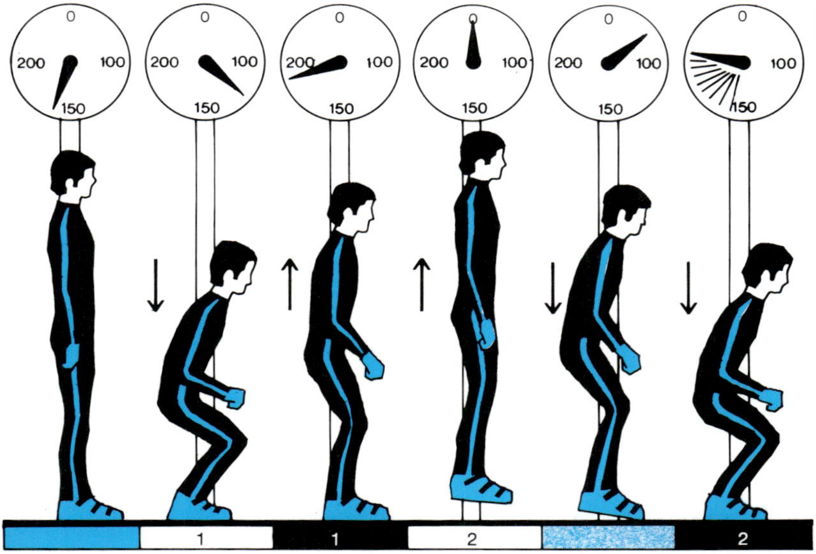

Entlastungs- und Belastungsarten:

Belasten: entweder Beschleunigen einer Hochbewegung oder Abbremsen einer Tiefbewegung.
Entlasten: entweder Abbremsen einer Hochbewegung oder Beschleunigen einer Tiefbewegung.

- Normale Belastung durch Körpergewicht
- 1 Tiefentlastung – 2 Hochentlastung
- 1 Hochbelastung – 2 Tiefbelastung
- Abbremsen einer Beugebewegung – Belastungszunahme

(Feinkoordination), Anpassung der Technik an die gegebenen Situationen **(Feinstkoordination).**

Das Hauptziel der Skitechnik ist: **variabel** zu sein, immer anpassungsfähig an die ständig wechselnden Gelände- und Schneeverhältnisse.
Alles das, was der Skifahrer dazu wissen sollte, versucht dieses Buch zu beschreiben.

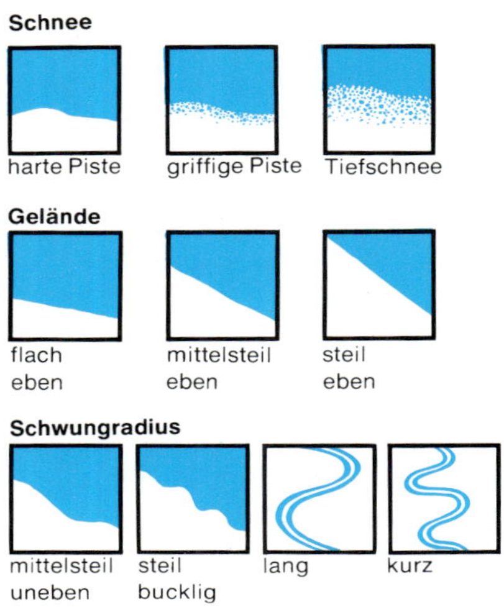

Schnee- und Geländebeschaffenheit sowie der dem Fahrtempo anzupassende Schwungradius sind wichtige Kriterien bei der funktionellen Anwendung der einzelnen Schwungformen im Gelände. Nebenstehende Symbole finden Sie ab Seite 62.

Schußfahren

Technik

Beim Schußfahren kann der Skianfänger erste Gleiterfahrungen im Abfahren in der Fallinie sammeln. Die Schußfahrtstellung, die man bei der Fahrt in der Fallinie einnimmt, ist eigentlich die Grundfahrstellung des Skiläufers. Diese Körperstellung darf keine »Haltung« sein. Beide Ski liegen – gleichmäßig belastet – völlig flach auf dem Schnee (Stand auf der ganzen Sohle). Die Skistellung kann am Anfang ruhig offen sein, d. h. falls es zur besseren Gleichgewichtserhaltung notwendig ist, besonders beim schnelleren Fahren. Bei Frauen kann aus anatomischen Gründen eine X-Beinstellung ganz natürlich sein. Fuß-, Knie- und Hüftgelenke werden leicht gebeugt (Mittellage), so weit, daß man Geländeunebenheiten sowohl durch Beugen als auch durch Strecken ausgleichen kann. Die Körperachse soll sich möglichst immer der Neigung des Geländes anpassen, sie steht normalerweise immer rechtwinklig zur Neigung des Hanges. Manchmal ist es erforderlich, mehr Vorlage (Ballendruck) einzunehmen, manchmal mehr Rücklage (Fersendruck) zu haben.

Die Stöcke werden mit den Stockspitzen nach hinten getragen, und zwar so weit seitlich vom Körper, daß sie auch bei höherem Tempo zur besseren Balance beim Fahren beitragen können.

Die erste Schußfahrt wird von einem Skianfänger immer als besonders schnell erlebt. Mit zunehmender Erfahrung wächst das Gefühl für den wechselnden Schneewiderstand, für Abbremsen und Beschleunigen sowie für die Anpassung des Gleichgewichts an die jeweilige Situation.

Ein kleiner Trick beim Losfahren: Beide Stöcke talwärts stützen, dann umtreten bergwärts um die Skispitzen, bis die Ski in Richtung Fallinie zeigen.

Gelände und Schnee
Ganz flacher Hang mit ebenem Standplatz zum Losfahren. Auslauf so, daß man von selbst zum Halten kommt. Führiger Schnee, kein Tiefschnee, keine harte Piste. Später steileres und unebeneres Gelände.

Übungsformen
- Standübung: Lockeres Beugen und Strecken in der Schußfahrtstellung.
- Abfahren am flachen Hang mit und ohne Stöcke.
- Abfahren mit federndem Beugen und Strecken der Beine, bis zum Sprung steigern.
- Abfahren mit Wechsel von Vor- und Rücklage.
- Abfahren in der tiefen Hocke.
- Abfahren auf einem Ski: ein Skiende vom Schnee abheben, Skispitze bleibt am Boden.
- Abfahren und seitlich aus der Spur treten, nach links und rechts.
- Später: Abfahren in steilerem Gelände, auch in »Eiformstellung«.

Voraussetzung für schnelle Schußfahrten ist jedoch eine gewisse Sicherheit auf Ski. Man soll sie deshalb erst nach den ersten »Bremsversuchen« riskieren.

Tips

- Die Ski sollen völlig flach, gleichmäßig belastet gleiten.
- Bewegungsbereite Fahrstellung.
- Der Kopf schaut in Fahrtrichtung!
- Geländeunebenheiten werden durch aktives Beugen und Strecken der Beine ausgeglichen. Dazu benötigt man ein gut federndes »Fahrgestell« und eine bewegungsbereite Abfahrtstellung.
- Quer zur Fallinie stehend kommt man durch Umtreten bergwärts um die Skispitzen bei gleichzeitigem Abstützen talwärts mit beiden Stöcken in die richtige Ausgangsstellung zur Schußfahrt.

Hauptfehler

Zu steife Beine – Bückhaltung mit übertriebener Oberkörper-Vorlage

Sitzhaltung mit übertriebener Oberkörper-Rücklage.

Zusammenpressen der Beine, besonders der Knie, dadurch leichtes Verkanten.

Absitzen auf die Skienden.

Verkrampfte Armhaltung.

Schwierigkeiten mit dem Gleichgewicht.

Pflugfahren

Technik

Pflugfahren ist Abfahren in Winkelstellung und schafft die Voraussetzung für andere Fahrformen mit Pflugphasen. Pflugfahren ist auch eine wertvolle Bremshilfe. In der »normalen« Pflugstellung sind beide Skienden ausgewinkelt, die Skispitzen etwa eine Handbreite auseinander und beide Ski gleichmäßig belastet. Es ist ratsam, die Winkelstellung nicht zu weit zu machen, dafür drückt man besser die Knie vorwärts-einwärts in eine leichte X-Beinstellung. Dadurch werden die Ski nach innen gekantet. Der Oberkörper nimmt eine ungezwungene Stellung ein, die Stöcke werden seitlich getragen.

Gelände und Schnee

Flacher, griffiger Hang mit Auslauf, wo man allein zum Stehen kommt.

Übungsformen

- Standübung: Einnehmen der Pflugstellung.
- Dann übt man im Stand den Wechsel zwischen Pflugstellung und Schußfahrtstellung durch rhythmisches Springen.
- Abfahren in Pflugstellung.
- Abfahren in Pflugstellung mit verschiedener Winkelstellung gleitend-eng – Gleitpflug bremsend-weit – Bremspflug.

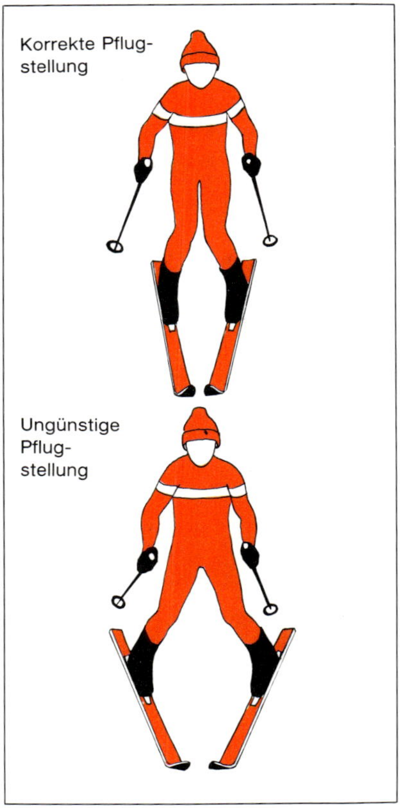

Korrekte Pflugstellung: Beide Knie werden nach vorwärts-einwärts gedrückt, so daß sie in Richtung Skispitzen zeigen.

Tips

- Auf keinen Fall darf die Pflugstellung eine starre Haltung oder gar eine Zwangsstellung sein.
- Lockere, zwanglose Pflugstellung. Keine zu große Winkelstellung der Ski (Knie vorwärts-einwärts drücken).

Hauptfehler

Zu geringe Winkelstellung der Ski.

Zu extreme Winkelstellung der Ski.

Keine gleichmäßige Winkelstellung und Belastung.

Steife Beine, dadurch zu geringe Kantenführung.

Skispitzen zu weit auseinander.

Überkreuzen der Skispitzen.

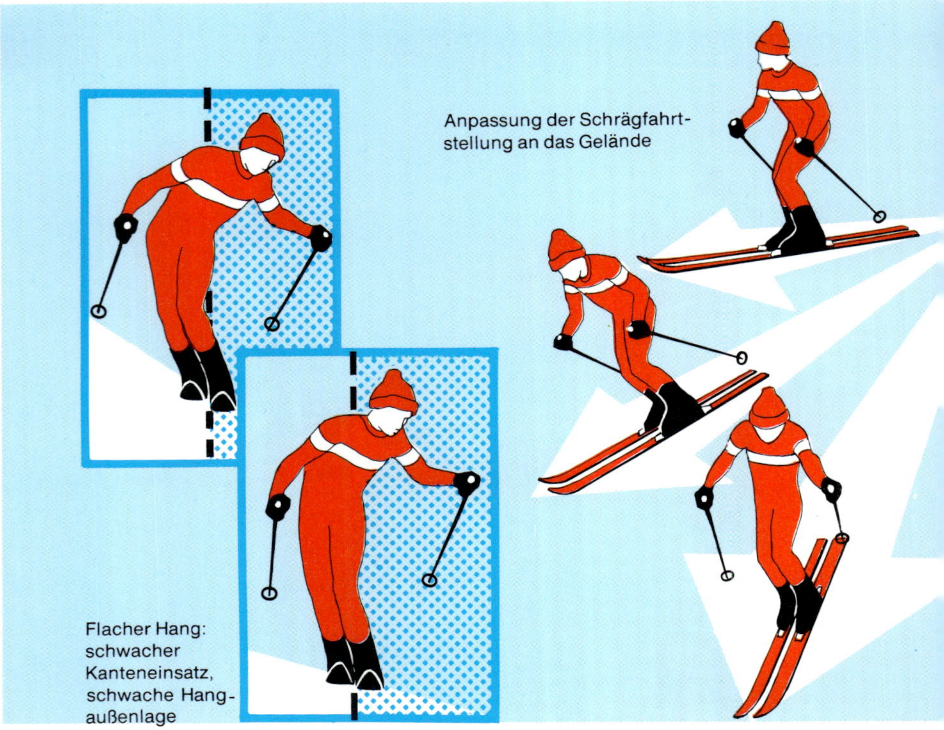

Schrägfahren

Technik

Unter Schrägfahren versteht man Abfahren quer zur Fallinie. Mit Hilfe von Schrägfahren können auch Richtungsänderungen verbunden werden. Dabei nimmt man eine Schrägfahrtstellung ein, die sich auf der Grundfahrstellung des Skiläufers aufbaut. Um Schrägfahren zu können, müssen die Bergkanten der Ski verstärkt eingesetzt werden, um nicht seitlich abzurutschen. Die Ski sind parallel, zunächst leicht geöffnet, die Knie werden zum Aufkanten vorwärts-bergwärts gedrückt. Der Oberkörper nimmt als Ausgleich dazu eine sog. Hangaußenlage ein. Die Stökke werden seitlich vom Körper getragen.

Gelände und Schnee

Aus der Ebene allmählich ansteigender Hang, gut getretener Schnee.

Übungsformen

- Standübung: Wechsel zwischen Schußfahrt- und Schrägfahrtstellung im leicht geneigten Gelände.
- Schrägfahrt nach links – rechts.
- Schrägfahren in verschiedenem Gelände.
- Zur Korrektur: Schrägfahren mit mehrmaligem Abheben des Bergskiendes.

Tips

- Die Schrägfahrtstellung hat sich nach der Neigung des Hanges zu richten: Je steiler und glatter der Hang, desto stärker müssen die Ski gekantet werden. Normalerweise beidbeinige Skibelastung, je steiler der Hang, um so mehr Talskibelastung.
- Die Hangaußenlage (Vor-Seitbeugen) des Oberkörpers soll sich der geländebedingten Beinbewegung anpassen.
- Die Verwindungsbewegung der Hüfte, und damit das mehr oder minder weite Vorschieben des Bergski richtet sich ebenso nach der Hangneigung.

Hauptfehler

Bergski-Belastung.
Das Talbeinknie in die Kniekehle des Bergbeines drücken. Übertriebenes Vorsetzen des bergseitigen Ski.
Steife Beine, zu wenig Aufkanten.
Innenlage des Körpers.
Übertriebenes Vor-Seitbeugen des Oberkörpers.
Falscher Hüftknick.

Kennenlernen von verschiedenen Gelände- und Schneeverhältnissen

Jeder Skiläufer muß im Laufe seiner Skipraxis lernen, wechselnde Geländeformen genau zu beobachten, verschiedene Schneeverhältnisse zu analysieren, und sich auf die veränderten Gegebenheiten einzustellen. Für den Anfänger ist der Bezug zum Gelände, das Erkennen der verschiedenen Geländeformen sehr wichtig. Sobald er den Übungshang verläßt, herrschen andere Verhältnisse. Das richtige Verhalten in wechselnden Situationen auf einer Skiabfahrt im Gelände kann man zwar erlernen, doch es braucht Zeit, Erfahrung und Training. Deshalb sollte man sich schon in einem frühen Lernstadium mit den wichtigsten Geländeformen vertraut machen.

Schußfahren über Bodenformen

Das Befahren von verschiedenen typischen Geländeformen bedingt ganz besondere Anpassungsbewegungen.

- **Kante:** Aufrechte Anfahrt – Vor-Tiefgehen – Aufrichten.
- **Knick:** Aufrechte Anfahrt – Schrittstellung und leichte Rücklage.

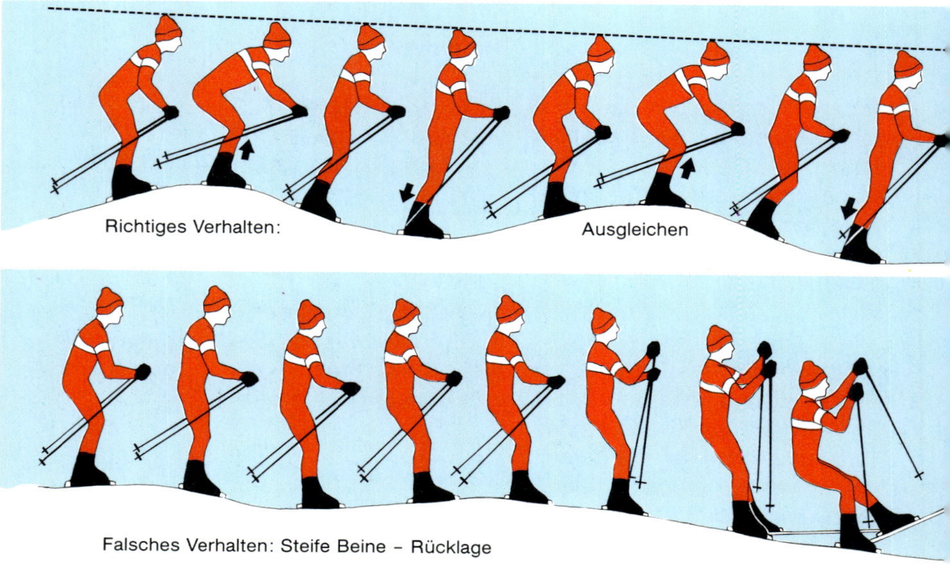

Richtiges Verhalten: Ausgleichen

Falsches Verhalten: Steife Beine – Rücklage

Richtiges Durchfahren einer Mulde.

Falsch: Steife Beine.

Anpassung an wechselnde Schneeverhältnisse:
Piste – Tiefschnee: Rücklagestellung und Fersendruck (Verzögerung der Fahrt).
Tiefschnee – Piste: Vorlagestellung und Ballendruck (Beschleunigung der Fahrt).

Der Könner macht es vor: perfekt ausbalancierter Geländesprung.

- **Buckel und Mulde:** Aufrechte Anfahrt – Buckel in Hocke schlucken – Aufrichten.

Tips

- Am Boden bleiben ist die Devise bei ausgeprägten Geländeformen. Die Ski sollen möglichst immer Skiflächenkontakt behalten, während die Beine und der Körper ausgleichen.
- Größere Buckel können nur dann gut ausgeglichen werden, wenn das Beugen und Strecken der Beine vor dem Körper erfolgt. Dadurch hat man mehr Federweg. Die Ausgleichsbewegung der Beine richtet sich aber ganz nach dem Gelände.
- Mehr Vorlage bei beschleunigter Fahrt: Tiefschnee – Piste.
- Mehr Rücklage bei verzögerter Fahrt: Piste – Tiefschnee.

Jeder Skitag ist anders, Geländestruktur und Schneebeschaffenheit ändern sich laufend; darum ist dieser Bereich immer wieder zu üben, um eine entsprechende Fahrsicherheit zu erwerben.

Bremsen und Anhalten aus dem Schußfahren: Pflugfahren

Technik

Die erste und einfachste »Bremstechnik« ist hier der Pflug! Anfahren in Schußfahrtstellung, die Knie leicht gebeugt, dann tiefgehen; beim Tiefgehen (Entlastung) werden die Skienden mit beidbeinigem Beinedrehen nach außen geschoben, während gleichzeitig die Knie vorwärts-einwärts gedrückt werden. Dabei das Körpergewicht einsetzen. Aus der Pflugstellung werden die Ski wieder geschlossen, indem man sich etwas aufrichtet. Dadurch löst sich automatisch der Kantengriff, man kann so allmählich die Ski zusammenlaufen lassen.

Das Fahrtempo zu dosieren und Bremsenlernen gehören zu den elementaren Erfahrungen im Skikurs. Sehr häufig kommt es vor, daß man einem Hindernis ausweichen oder rechtzeitig anhalten muß, um aus Gründen der Sicherheit einer Gefahrensituation zu begegnen.

Übungsformen

- Zuerst übt man im Stand den Wechsel zwischen Pflugstellung und Schußfahrtstellung durch rhythmisches Springen.
- Anfahrt in der Schußfahrt (offene Skistellung), durch ein verstärktes Tiefgehen die Skienden zur Pflugstellung auseinanderschieben, dann »Gleitpflug«.
- Wie vorher, jedoch aus der Pflugstellung die Ski wieder zur Schußfahrtstellung durch leichtes Aufrichten zusammenlaufen lassen.
- Wie vorher, aber in der Pflugstellung beidseitiges Beinedrehen mehrmals hintereinander.
- Wechsel zwischen Gleitpflug und Bremspflug.
- Aus dem Schußfahren versuchen, an einer bestimmten Markierung durch Pflug zum Halten zu kommen.

Gelände und Schnee

Flacher, griffiger Hang mit Auslauf.

Schußfahren:
flache Skiführung

Gleitpflug:
wenig
Kanteneinsatz

Bremspflug:
verstärkter
Kanteneinsatz

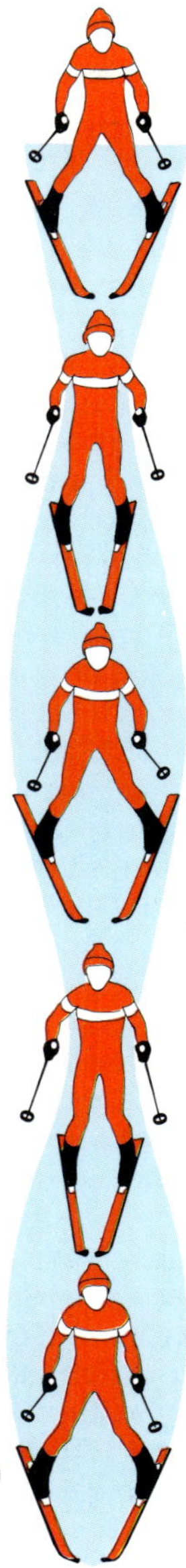

Wechsel zwischen
Bremspflug und
Gleitpflug

Bremsen und Anhalten aus dem Schrägfahren: Seitrutschen

Technik

Hier gibt es verschiedene Möglichkeiten zum Bremsen und Anhalten. Vom ungewollten seitlichen Absitzen des Anfängers bis zum perfekt dosierten Abschwingen des Könners gibt es ein vielseitiges Repertoire. Eine häufig praktizierte Bremstechnik (auch bei Rennläufern zu beachten) ist die Talstemme. Darunter versteht man ein mehr oder weniger betontes Ausstemmen mit dem Talski, meistens aus offener Skistellung. Die gebräuchlichste Form ist das Seitrutschen, das vor allem im steilen Gelände angewandt wird.

Seitrutschen wird am besten an einer Geländekante oder auf einem Buckel durch eine Tiefbewegung der Beine aus der Schrägfahrt ausgelöst. Beim Tiefgehen (Entlastung) werden dann die Skienden talwärts aus der Richtung geschoben. Die Steuerung erfolgt durch ein dosiertes Aufkanten der Ski. Wichtig ist auch eine entsprechende Verwindungsbewegung in der Hüfte (Gegendrehen) gegen die Schwungrichtung.

Das Seitrutschen kann auch durch Wegnehmen der Knie vom Hang ausgelöst werden, allerdings nur im steilen Gelände ratsam.

Übungsformen

- Standübung: Aus der Schrägfahrtstellung mit dem Bergskiende höher steigen, den Talski nachsetzen, dann tiefgehen. Beim Tiefgehen Beinedrehen mit anschließendem Aufkanten.
- Aus dem Stand durch Stockschieben seitlich abrutschen.
- Aus der Schrägfahrt an einer Geländekante Seitrutschen durch kräftige Tief-Bewegung auslösen. Mehrmaliges Seitrutschen nach beiden Seiten üben.
- Schrägfahren, Auslösen des Seitrutschens im steilen Gelände durch Knieführung vom Hang.
- Wechsel von Flachstellen (Rutschen) und Aufkanten (Schrägfahren) der Ski.
- Schrägfahren, Seitrutschen, durch Rücklage Rückwärtsrutschen, durch Vorlage – Vorwärtsrutschen.
- Aus dem Schrägfahren auf kürzestem Weg abschwingen zum Halten.
- Aus dem Schrägfahren so abschwingen, daß man vor einem Hindernis zum Halten kommt.

Gelände und Schnee

Mittelsteiler Hang, nach außen gewölbt, griffiger Schnee.

Auslösen des Seitrutschens durch Tiefgehen

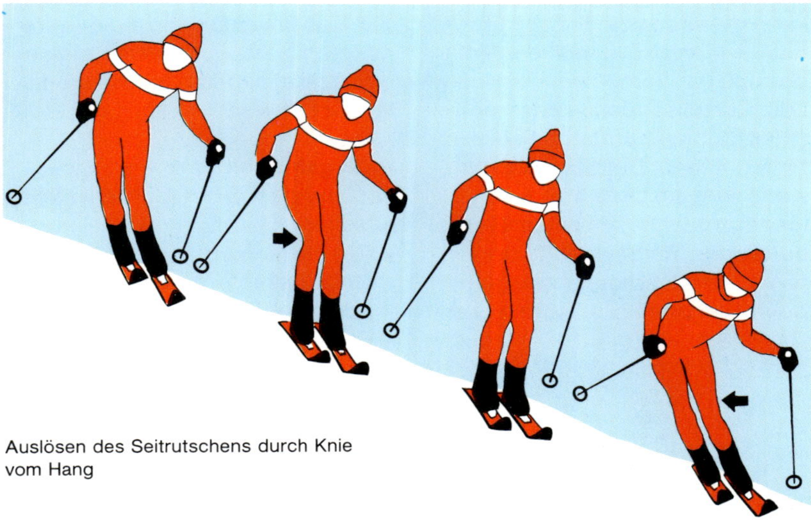

Auslösen des Seitrutschens durch Knie vom Hang

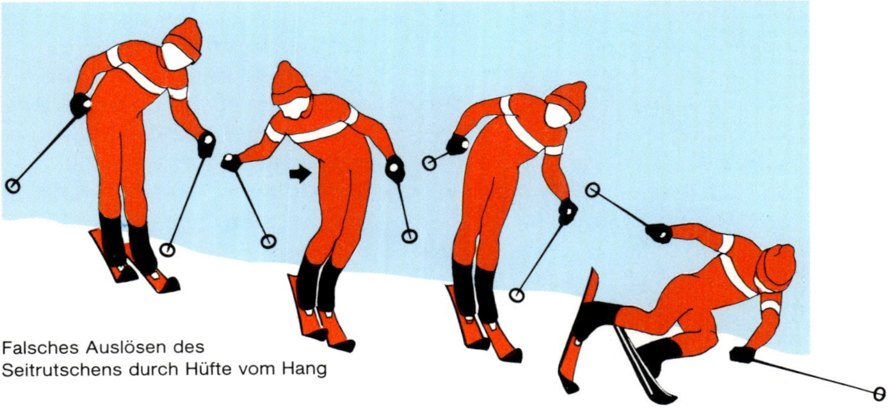

Falsches Auslösen des Seitrutschens durch Hüfte vom Hang

Schrägfahren – Schwung bergwärts

Technik
Von der Bewegung her entwickelt sich der Schwung bergwärts aus dem gesteuerten Seitrutschen. Mit Hilfe des Schwunges bergwärts kann man aus dem Schrägfahren heraus je nach Steilheit des Geländes und Fahrtempo beliebig lange oder kurze, einmalige oder mehrere Richtungsänderungen bis zum Halten fahren. Der Schwung bergwärts wird am besten an einer Geländekante oder auf einem Buckel durch eine Tiefbewegung der Beine aus der Schrägfahrt ausgelöst. Beim Tiefgehen (Entlastung) werden dann die Skienden talwärts aus der Richtung geschoben. Die Schwungsteuerung erfolgt durch ein dosiertes Aufkanten der Ski. Wichtig für die Steuerung ist auch eine entsprechende Verwindungsbewegung in der Hüfte gegen die Schwungrichtung (Gegendrehen). Durch die verschiedene Dosierung der Tief-Bewegung sowie durch eine wechselnde Anfahrtrichtung ergibt sich ein kurzer, mittlerer oder langer Schwung.

Übungsformen
Vorübungen: Schrägfahren – Seitrutschen.

- Aus der Schrägfahrt, an einer Geländekante, einen kurzen Schwung bergwärts durch kräftige Tief-Bewegung auslösen: Halteschwung. Nach beiden Seiten fahren.
- Mehrmaliges Beinedrehen durch Tief-Hoch-Tief-Bewegung beim Schrägfahren.
- Schwungfächer: Die Anfahrt in Richtung Fallinie steigern und so allmählich immer längere Schwünge fahren. Damit wird die Auslösung des Beinedrehens leichter, aber die Schwungsteuerung schwieriger.
- Schrägfahren, dann Schwung bergwärts im ungespurten Schnee.
- Aus dem Schrägfahren so abschwingen, daß man vor einem Hindernis zum Halten kommt.

Eine zentrale Übungsform zum Erlernen des Schwunges bergwärts ist der Schwungfächer.

»Not-Stop«: Rechtzeitiges Halten durch dosiertes Beinedrehen.

Tips

- Normalerweise wird das Beinedrehen durch Tiefgehen ausgelöst. Bei Schwierigkeiten in der Auslösephase kann evtl. eine Hoch-Tief-Bewegung das Auslösen erleichtern. Die Hochbewegung ist eine »Auftaktbewegung«, bewirkt ein Flachstellen der Ski aus der Schrägfahrt und ermöglicht ein weites Tiefgehen zum Auslösen des Schwunges.
- Die Tiefbewegung soll eine gleichmäßige Beugung der Fuß-, Knie- und Hüftgelenke ergeben: dosiertes Beinedrehen.
- Seitliches Abrutschen der Ski durch Kanteneinsatz und Gegendrehen korrigieren.
- Zum Auslösen des Beinedrehens nicht die Hüfte oder das Gesäß (Rotation), sondern nur die Beine drehen.

Pflugschwung: Abdruck und Beidrehen des Innenski aus der Pflugstellung.

Hauptfehler

Bergski-Belastung und Innenlage.

Mangelnde Vertikalbewegung beim Auslösen.

Auslösen des Beinedrehens durch Mitdrehen der Außenhüfte.

Auslösen des Beinedrehens im flachen Gelände durch Knie vom Hang, dadurch Verkanten und Sturzgefahr.

Überdrehen der Außenhüfte.

Rotation und Übersteuern im Schwung.

Zu flache Skiführung in der Steuerphase.

Pflug – Pflugbogen

Technik

Der Pflugbogen ist ein Fahren mit Richtungsänderung in der Pflugstellung, bei dem die Ski in Winkelstellung auf den ungleichen Kanten rutschen.
Mit Hilfe von Pflugbögen können bereits einfache Richtungsänderungen über die Fallinie gefahren werden sowie kleine Abfahrten im Anfängergelände gemeistert werden. Aus der Pflugfahrt wird durch eine rhythmische Tief-Hoch-Tief-Bewegung ein Bogen an den anderen gereiht. Beim Tiefgehen wird der jeweils bogenäußere Ski durch ein einbeiniges Beindrehen aus der Richtung gedreht. In der gleichen Richtung beugt sich der Oberkörper gleichzeitig entsprechend vorwärts-seitwärts. Das bewirkt eine zusätzliche Belastung und Beschleunigung der Drehung. Beindrehen nach rechts, Bogen nach links und umgekehrt. Im Verlauf des Bogens wird durch die stärkere Beugung des äußeren Knies ein verstärkter Kanteneinsatz erzielt.

Übungsformen

Vorübungen: Pflugfahren.

- Zuerst im Stand, in der Pflugstellung, den rhythmischen Belastungswechsel der Ski versuchen.
- Im Gleitpflug wechselseitiges Beinedrehen üben.
- Durch rhythmische Tief-Hoch-Tief-Bewegung mehrere Bögen nahe der Fallinie aneinanderreihen.
- Pflugbögen durch Vertikaltore, Betonung des Beindrehens.
- Pflugbögen durch Vertikaltore, im Verlaufe mehrerer Fahrten die einzelnen Torstangen mehr und mehr seitlich aus der Fallinie versetzen.
- Kleine Abfahrten mit Liftbenützung, mit wechselndem Rhythmus und Fahrtempo. Gelände angepaßt im Pflugbogen abfahren.
- Fahren mit Pflugbögen, beim letzten Bogen den unbelasteten Bergski beidrehen zum Halten.

Tips

- Rhythmische Tief-Hoch-Tief-Bewegung, d. h. Knie- und Sprunggelenk des bogenäußeren Beines werden jeweils mehr gebeugt.
- Tiefgehen und Beindrehen mit zunehmender Belastung und verstärkter Kniebewegung vorwärts-einwärts.
- Das Vor-Seitbeugen des Oberkörpers darf nicht übertrieben und muß der Beinbewegung angepaßt werden.
- Beim Aneinanderreihen von Bögen nicht zu weit aus der Fallinie fahren.

Hauptfehler

Skispitzen zu weit auseinander.
Steifmachen des inneren Beines.
Mangelnde Vertikalbewegung.
Übertriebenes Mitdrehen des Oberkörpers, Vorlaufen des Außenski.
Fahren in Rücklage.
Wegrutschen des Außenski.
Der Belastungswechsel erfolgt zu früh oder zu spät.

Grundschwung

Bewegungs-Stenogramm:
Schrägfahren – Beinedrehen zur Pflugstellung – Abdruck und Stockeinsatz – Beidrehen des Innenski – Tiefgehen und Beinedrehen usw.

Übungsformen

- Wiederholung des Pflugbogens: Training des Beinedrehens mit Belastungswechsel durch dynamische Aneinanderreihung von Pflugbögen (»Pflugwedeln«).
- Pflugschwung nach beiden Seiten fahren. Zunächst ohne Stockeinsatz, dann mit Stockeinsatz. Der Stockeinsatz unterstützt den Abdruck vom bogeninneren Ski und erleichtert das »Umsteigen« auf den Außenski. Der Stockeinsatz erfolgt aus einem Vorführen des schwunginneren Armes. Der Skistock wird zwischen Skispitze und Schuh seitlich eingestützt.
- Pflugschwunggirlande: Mehrere Pflugschwünge in langsamer Fahrt aneinanderreihen.
- Grundschwung: Schrägfahrt, beidbeiniges Einpflügen bis in die Fallinie – Abdruck und Stockeinsatz, Beidrehen des Innenski, kräftiges Tiefgehen mit Beinedrehen zum gesteuerten Rutschen.
- Verbesserung der Steuerphase durch regelmäßiges Zurückgreifen auf den Schwung bergwärts.
- Anwendung des Grundschwunges auch in schwierigen Gelände- und Schneeverhältnissen mit wechselnder Schwungfrequenz.

Hauptfehler

- Mangelndes Hochgehen beim Drehabstoß
  ► erschwert die Drehung der Ski bei der Schwungauslösung
- Mangelndes Tiefgehen nach dem Drehabstoß
  ► zu schwaches Beinedrehen
- Überdrehen der Außenhüfte
  ► Rotation und Übersteuern im Schwung.

Anwendungsbereich:

Schnee:	
harte Piste	☒
griffige Piste	☒
Tiefschnee	☐
Gelände:	
flach – eben	☒
mittelsteil – eben	☒
steil – eben	☐
mittelsteil – uneben	☒
steil – bucklig	☐
Schwungradius:	
kurz	☒
mittel	☒
lang	☒

Rhythmische Aneinanderreihung mehrerer Grundschwünge auf der Abfahrt.

Hochschwung

Bewegungs-Stenogramm:
Zunehmendes Tiefgehen mit Aufkanten – Stockeinsatz und Hochgehen (Drehabstoß) – Kantenwechsel – Tiefgehen mit Beinedrehen zur Schwungsteuerung usw.

Übungsformen

- Zuerst müssen der beidbeinige Abstoß und das weiche Auffangen nach dem Sprung geübt werden: Sprungübungen im Stand und bei der Fahrt in der Fallinie, mit und ohne Stockeinsatz.
- Die einfachste Form des Hochschwunges ist das sog. **Winkelspringen** im flachen Gelände: d. h. rhythmische, beidbeinige Sprünge nach links und rechts mit den Skienden nach außen. Zuerst mit kleinem Sprungwinkel.
- Schulung der weichen Landung: Angesprungener Schwung bergwärts mit bergseitigem Stockeinsatz, bis zur Anfahrt aus der Falllinie steigern. Verfeinerung von Beinedrehen und Skiführung.
- Aneinanderreihung mehrerer angesprungener Schwünge im flachen Gelände: erste Wedelversuche. Steigerung bis zum Breitwedeln nahe der Fallinie.
- Hochschwingen in erleichterter Form (Parallel-Grundschwung).
- Durch vieles Abfahren, durch Temposteigerung und freie Aneinanderreihung gelingen bald Parallelschwünge in Zielform.

Hauptfehler

- Mangelndes Aufkanten am Schwungende
- ▶ zu schwacher **Drehabstoß**
- Zu schwacher Drehabstoß mit ungenügender Hochbewegung
- ▶ erschwerter Kantenwechsel und schlechte Skidrehung
- Ungenügende Hochbewegung
- ▶ Innenlage, Rotation beim Auslösen
- Zu schwaches Beinedrehen nach dem Drehabstoß
- ▶ erschwerte Skidrehung
- Mangelndes Tiefgehen und Vor-Seitbeugen, Vordrehen der Außenhüfte
- ▶ schlechte Steuerphase.

Anwendungsbereich:

Schnee:

harte Piste	☐
griffige Piste	☒
Tiefschnee	☒

Gelände:

flach – eben	☐
mittelsteil – eben	☒
steil – eben	☐
mittelsteil – uneben	☒
steil – bucklig	☐

Schwungradius:

kurz	☐
mittel	☒
lang	☒

Hochschwingen auf der Piste erfordert gutes Gleit- und Kurvengefühl.

Kurzschwung

Bewegungs-Stenogramm:
Aktives Beinedrehen mit kräftigem Aufkanten – Stockeinsatz und Drehabstoß – sofortiges Tiefgehen usw.

Übungsformen

- Durch Verkürzung des Schwungradius des Parallelschwungs erreicht man die erleichterte Form des Kurzschwungs.
- Mehrere Kurzschwünge nahe der Fallinie mit Sprunghilfe fahren.
- Kurzschwünge in Zielform mit wechselndem Rhythmus in jedem Gelände fahren.

- **Schräghangkurzschwingen:** Mehrere Kurzschwünge in der Schrägfahrt fahren. Dabei wird in erster Linie das Umkanten und Beinedrehen verbessert.
- Kurzschwünge mit schneidender Kantenführung auf steilen und harten Pisten.

Hauptfehler

- Mangelndes Aufkanten am Schwungende
- ▶ zu schwacher Drehabstoß
- Übertriebenes Tiefgehen vor dem Drehabstoß
- ▶ Rücklage beim Auslösen
- Zu schwaches Beinedrehen nach dem **Drehabstoß**
- ▶ erschwerte Skidrehung
- Ungenügende Vertikalbewegung (ohne Vorlagetendenz)
- ▶ Rhythmusschwierigkeiten
- Zu flache Skiführung
- ▶ unkontrolliertes Fahren
- Unexakter Stockeinsatz
- ▶ Rhythmusschwierigkeiten.

Anwendungsbereich:

Schnee:	
harte Piste	☒
griffige Piste	☒
Tiefschnee	☐
Gelände:	
flach – eben	☐
mittelsteil – eben	☒
steil – eben	☒
mittelsteil – uneben	☒
steil – bucklig	☐
Schwungradius:	
kurz	☒
mittel	☐
lang	☐

Kurzschwingen oder »Wedeln« übt aufgrund der rhythmisch-spielerischen Bewegung auf jeden Skiläufer eine besondere Faszination aus. Wedeln in Vollendung erkennt man daran, daß bei ruhigem Oberkörper die Beine spielerisch hin- und herpendeln.

Ausgleichsschwung

Bewegungs-Stenogramm:
Anfahren in Mittelstellung – Antizipation – Stockeinsatz – Ausgleichen und Drehbeginn – aktives Streckdrehen zur Schwungsteuerung usw.

Übungsformen

- In der Schußfahrt übt man zunächst das Ausgleichen von Wellen durch Beugen und Strecken der Beine. Dasselbe auch in Schrägfahrt versuchen.
- Wie vorher, aber auf dem Buckel die Ski drehen. Bewegungsfolge: Beugedrehen – Streckdrehen.
- Aneinanderreihung mehrerer Schwünge in buckligem Gelände.
- Fahren in Buckeln bei höherem Tempo. Das energische Strecken der Beine nach unten ermöglicht die ständige »Bodenfühlung«. Nicht mehr auf dem Buckel drehen, sondern jetzt umfahren.

Der Ausgleichsschwung ist die ideale Technik für den guten Skiläufer im Buckelgelände.

Hauptfehler

- ■ Verkrampftes Fahren
- ▶ Rhythmusschwierigkeiten und mangelnde Geländeanpassung
- ■ Zu aufrechte Fahrhaltung
- ▶ mangelndes Ausgleichen des Buckels
- ■ Zu wenig aktives Strecken der Beine nach unten
- ▶ mangelndes Streckdrehen und Ausgleichen der Mulde
- ■ Übertriebenes »Absitzen«
- ▶ Rücklage
- ■ Mangelnde Elastizität in den Beinen
- ▶ Schwierigkeiten beim Halten von Bodenkontakt

Anwendungsbereich:

Schnee:
- harte Piste ☐
- griffige Piste ☒
- Tiefschnee ☐

Gelände:
- flach – eben ☐
- mittelsteil – eben ☐
- steil – eben ☐
- mittelsteil – uneben ☒
- steil – bucklig ☒

Schwungradius:
- kurz ☒
- mittel ☒
- lang ☐

Umsteigeschwung mit Bergstemme

Bewegungs-Stenogramm:
Schrägfahrt in Mittelstellung – unbelastetes Ausstemmen und Aufkanten des Bergski in Beugestellung – Drehabstoß vom Talski mit Stockeinsatz – Umsteigen auf den Bergski – Beisetzen des Talski – Tiefgehen und Beinedrehen mit Ausgleichsbewegung des Oberkörpers usw.

Fahrstellung: Vorlagetendenz.

Anwendungsbereich:

Schnee	
harte Piste	☒
griffige Piste	☒
Tiefschnee	☒
Gelände	
flach – eben	☐
mittelsteil – eben	☒
steil – eben	☒
mittelsteil – uneben	☒
steil – bucklig	☐
Schwungradius	
kurz	☒
mittel	☒
lang	☒

Hauptfehler:

- ■ Zu aufrechte Körperstellung in der Schrägfahrt vor dem Ausstemmen
- ► zu schwacher Abstoß und Belastungswechsel
- ■ Mangelndes Hochgehen beim Drehabstoß
- ► erschwert die Drehung der Ski nach dem Beisetzen des Talski
- ■ Mangelndes Tiefgehen
- ► zu schwaches Beinedrehen
- ■ Überdrehen der Außenhüfte
- ► Übersteuern des Schwunges mit Rutschen.

Gelände – Schnee – Schwungfrequenz:
Zuerst flaches Gelände, später harte und steile Pisten jeder Art.

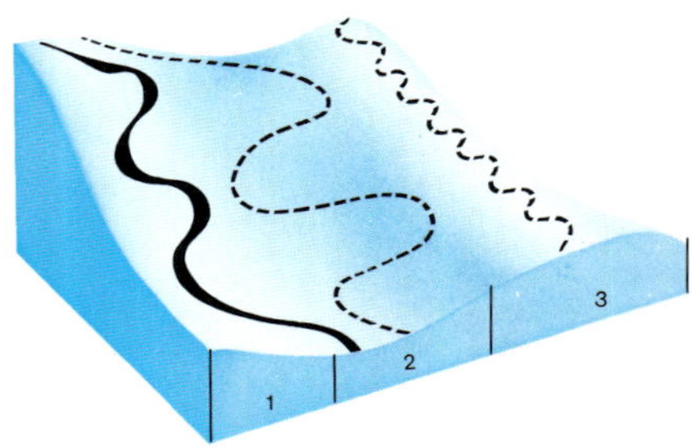

Umsteigeschwung aus der Talstemme

Bewegungs-Stenogramm:
Schrägfahrt – Tiefgehen mit gleichzeitigem Ausstemmen des Talski und Aufkanten – Stockeinsatz und Drehabstoß vom Talski – Umsteigen auf den Bergski – Beisetzen des Talski – Tiefgehen und Beinedrehen mit Ausgleichsbewegung des Oberkörpers usw.

Fahrstellung: Vorlagetendenz.

Anwendungsbereich:

Schnee
- harte Piste ☒
- griffige Piste ☒
- Tiefschnee ☐

Gelände
- flach – eben ☐
- mittelsteil – eben ☒
- steil – eben ☒
- mittelsteil – uneben ☒
- steil – bucklig ☐

Schwungradius
- kurz ☒
- mittel ☒
- lang ☒

Hauptfehler:
- ■ Zu wenig Tiefgehen beim Ausstemmen des Talski
- ▶ zu schwaches Aufkanten, zu schwacher Abstoß
- ■ Zu langsames Hochgehen nach dem Abstoß
- ▶ zu schwacher Belastungswechsel
- ■ Mangelnder Drehabstoß
- ▶ erschwert die Drehung der Ski nach dem Beisetzen des Talski
- ■ Mangelndes Tiefgehen
- ▶ zu schwaches Beinedrehen
- ■ Überdrehen der Außenhüfte
- ▶ Übersteuern des Schwunges mit Rutschen.

Gelände – Schnee – Schwungfrequenz:
Zuerst flaches, dann mittelsteiles Gelände (Rundform), griffiger Schnee mit leichten Buckeln als Geländehilfe.

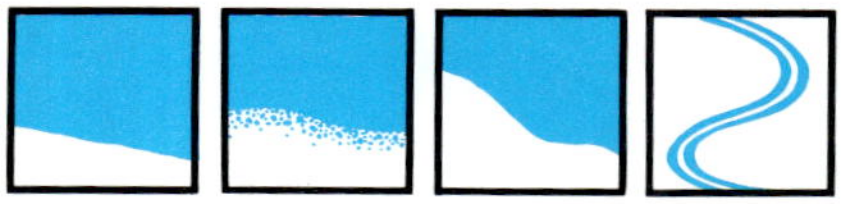

Parallel-Umsteigeschwung

Bewegungs-Stenogramm:
Schrägfahren parallel – geschlossen – Tiefgehen und Aufkanten – Stockeinsatz und Abstoß vom Talski – Umsteigen auf den Bergski bei gleichzeitigem Abheben des Talski – Tiefgehen mit Beinedrehen und Ausgleichsbewegung des Oberkörpers usw.

Fahrstellung: Vorlagetendenz.
Skistellung: parallel – offen und geschlossen.

Anwendungsbereich:

Schnee
- harte Piste ☒
- griffige Piste ☒
- Tiefschnee ☐

Gelände
- flach – eben ☐
- mittelsteil – eben ☒
- steil – eben ☒
- mittelsteil – uneben ☒
- steil – bucklig ☐

Schwungradius
- kurz ☐
- mittel ☒
- lang ☒

Hauptfehler:
- ■ Mangelndes Tiefgehen vor dem Abstoß
- ▶ zu schwacher Abstoß und Belastungswechsel
- ■ Mangelndes Hochgehen beim Abstoß
- ▶ erschwert das Umkanten und die Skidrehung
- ■ Mangelndes Tiefgehen nach dem Belastungswechsel
- ▶ zu schwaches Beinedrehen
- ■ Überdrehen der Außenhüfte
- ▶ Übersteuern des Schwunges mit Rutschen.

Gelände – Schnee – Schwungfrequenz:
Zuerst flach, dann mittelsteil und steil.

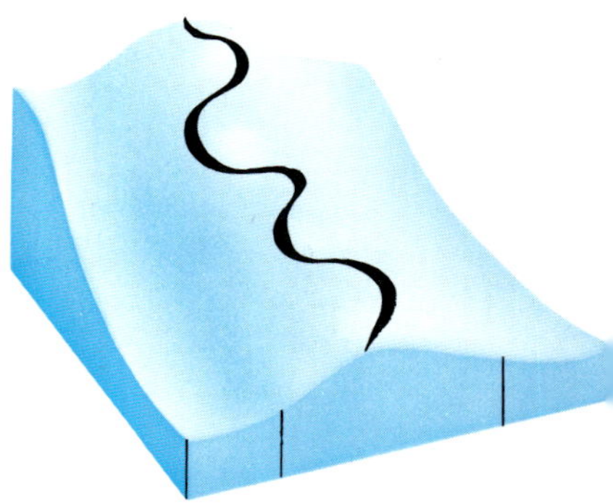

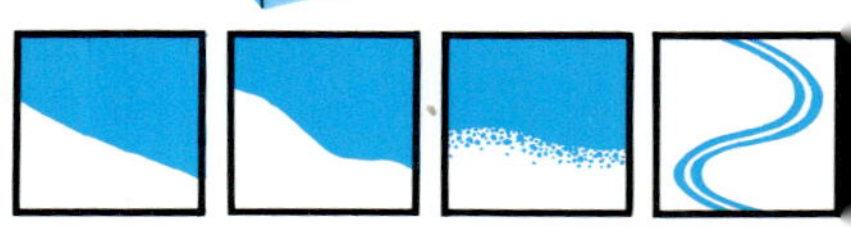

Scher-Umsteigeschwung

Bewegungs-Stenogramm:
Schrägfahrt – Tiefgehen – Anheben und Aufscheren des Bergski – Drehabstoß vom Talski und Umsteigen auf den Bergski mit einem Schritt vorwärts-bergwärts – schwunghaftes Beiziehen des Talski und Umkanten – Tiefgehen mit Beinedrehen und Ausgleichsbewegung des Oberkörpers usw.

Fahrstellung: Vorlagetendenz:

Anwendungsbereich:

Schnee	
harte Piste	☒
griffige Piste	☒
Tiefschnee	☐
Gelände	
flach – eben	☒
mittelsteil – eben	☒
steil – eben	☐
mittelsteil – uneben	☐
steil – bucklig	☐
Schwungradius	
kurz	☐
mittel	☒
lang	☒

Hauptfehler:

- ■ Mangelnder Drehabstoß vorwärts-bergwärts
- ▶ ungenügende Beschleunigung und Verlust von Höhe
- ■ Mangelnde Vertikalbewegung
- ▶ Schwierigkeiten beim Kantenwechsel und Drehen
- ■ Mangelndes Tiefgehen und Vor-Seitbeugen nach dem Belastungswechsel
- ▶ schlechte Steuerphase.

Gelände – Schnee – Schwungfrequenz:
Ideal am Anfang ist ein fast ebenes Gelände, später mittelsteiler, griffiger Hang, eher hart als weich.

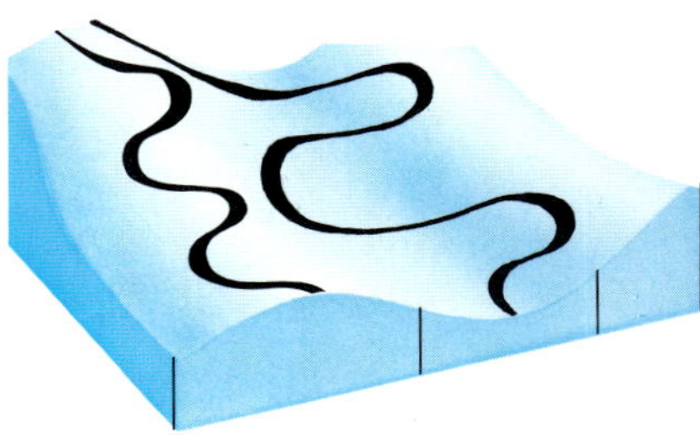

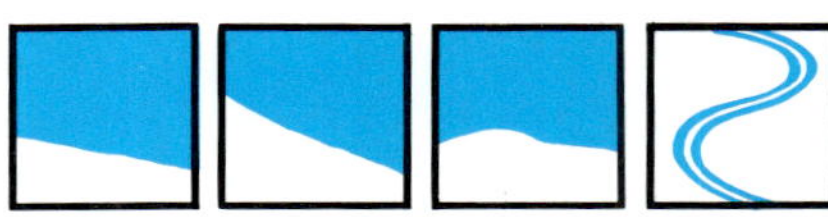

Jetschwung

Bewegungs-Stenogramm:
Anfahren in Mittelstellung – Antizipation – Tiefgehen mit Jetbewegung – Stockeinsatz – Kantenwechsel und Drehbeginn – dosiertes Beinedrehen zur Schwungsteuerung usw.

Fahrstellung: Rücklagetendenz.
Skistellung: geschlossen.

Anwendungsbereich:

Schnee
- harte Piste ☐
- griffige Piste ☒
- Tiefschnee ☒

Gelände
- flach – eben ☒
- mittelsteil – eben ☒
- steil – eben ☒
- mittelsteil – uneben ☒
- steil – bucklig ☐

Schwungradius
- kurz ☒
- mittel ☒
- lang ☐

Hauptfehler:
- ■ Zu aufrechte Fahrhaltung und mangelndes Tiefgehen
- ► zu schwache Jetbewegung
- ■ Stockeinsatz zu wenig seitlich stützend
- ► zu wenig Innenlage
- ■ Übertriebenes Absitzen
- ► zu starke Rücklage bei Schwungbeginn
- ■ Übertreiben der Jetbewegung (Rücklage)
- ► Schwierigkeiten beim Schwungsteuern
- ■ Extreme Jetbewegung
- ► Rhythmusschwierigkeiten und verkrampftes, kräftezehrendes Fahren.

Gelände – Schnee – Schwungfrequenz:
Mittelsteiles, buckliges Gelände, später auch im Tiefschnee fahren.

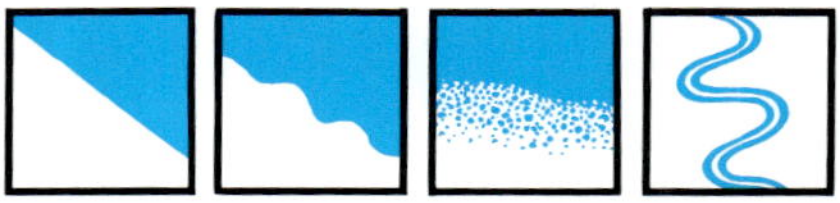

Kompressionsschwünge

Auf dem Weg zum perfekten Skifahrer nehmen Kompressionsschwünge zur Bewältigung von Buckelpiste und Tiefschnee eine Sonderstellung ein. Deshalb werden sie hier auch ausführlicher als die anderen Schwungformen beschrieben.

Zur Technik
Der Kompressionsschwung kann als Tiefschwung mit Anhocken verstanden werden. Vom Bewegungsablauf her ist er direkt mit der Ausgleichstechnik verwandt. Im Unterschied zum Ausgleichen der Bukkel durch Geländehilfe ersetzt der Skifahrer die Ausgleichsbewegung hierbei durch aktives Anhocken der Beine beim gleichzeitigen Tiefgehen. Voraussetzung für die technisch richtige Ausführung ist die rhythmische Aneinanderreihung mehrerer kurzer Kompressionsschwünge mit hohem Fahrtempo und in steilem Gelände, weil sich nur daraus der typische Bewegungsrhythmus ergibt. Bei hohem Fahrtempo entsteht am Schwungende beim Streckdrehen ein starker Kantendruck, der durch aktives Anhocken (Drehhocken) der Beine für eine Entlastung und gleichzeitige Drehung der Ski verwendet wird. Je nach Fahrtempo, Gelände und Intensität der Anhockbewegung vollzieht sich der Kantenwechsel sogar ohne Schneekon-

3

6

2

1

5

4

takt. Beim folgenden Streckdrehen versucht der Skifahrer, die Ski erneut stark zu belasten, um den optimalen Kantendruck zu erreichen, usw.
Die Schwierigkeit der Gesamtbewegung liegt darin, daß in der Steuerphase (Streckdrehen) die Beinmuskulatur ein hohes Maß an »Haltearbeit« leisten muß und beim Anhocken (Beugedrehen – Kantenwechsel) die Entspannungsphase nur sehr kurz ist. Konditionell schwache Skifahrer (Beinmuskulatur!) können den richtigen Bewegungsrhythmus im schwierigen Gelände deshalb kaum erlernen, es sei denn, sie haben ein außergewöhnlich gutes Bewegungsgefühl für die beim Skifahren wirkenden Kräfte.
Die »Kompressionstechnik« kann nicht nur mit beidbeiniger Skibelastung, sondern auch mit mehr oder weniger einbeiniger Umsteigebewegung (Pedalbewegung der Beine) gefahren werden.

Bewegungs-Stenogramm:
Schrägfahrt in Mittelstellung – aktives Streckdrehen der Beine – Antizipation – Stockeinsatz – Durchhocken und Kantenwechsel – aktives Streckdrehen usw.

Fahrstellung: Rücklagetendenz.

Anwendungsbereich:

Schnee

harte Piste	☒
griffige Piste	☒
Tiefschnee	☒
Gelände	
flach – eben	☐
mittelsteil – eben	☒
steil – eben	☒
mittelsteil – uneben	☒
steil – bucklig	☒
Schwungradius	
kurz	☒
mittel	☐
lang	☐

3

Demonstration der Kompressionstechnik von der Seite mit Übertreiben der Durchhock-Bewegung.

Hauptfehler:
- ■ Zu schwaches Streckdrehen
- ▶ mangelnder Kantendruck
- ■ Zu frühes »Nachgeben« beim Streckdrehen
- ▶ zu schwache Durchhock-Bewegung
- ■ Zu passives Anhocken der Beine vor dem Körper
- ▶ Schwierigkeiten beim Kantenwechsel
- ■ Zu langsames Fahrtempo und zu langer Schwungradius – Fahren in zu flachem Gelände
- ▶ Rhythmusschwierigkeiten.

Gelände – Schnee – Schwungfrequenz:
Mittelsteiles und steiles Gelände, fast alle Schneearten (Piste und Tiefschnee).

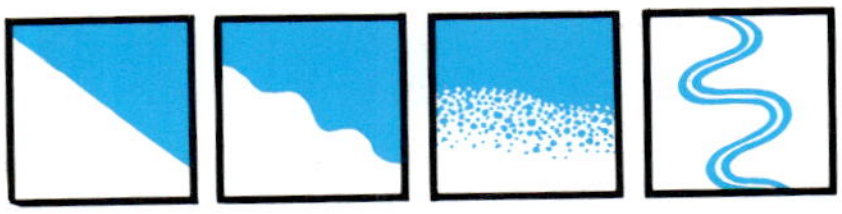

2

1

Buckelfahren

Ohne Buckelpiste wäre das Skifahren langweilig. Während heute leichte Buckel von den meisten Skiläufern als Hilfe beim Schwingen empfunden werden, bringen schwierige Buckelpisten nach wie vor ihre Probleme für viele mit sich. Wer in extremen Buckeln noch geländeangepaßt fahren will, muß den **Ausgleichsschwung** (siehe Seite 60) beherrschen.

Zur Technik:
Bei diesem Schwung übernehmen die Beine die Funktion von Stoßdämpfern, die Buckel werden durch Beugen und Strecken der Beine ausgeglichen, der Oberkörper bleibt ruhig. Der Drehbeginn erfolgt auf dem höchsten Punkt eines Buckels in dem Augenblick, wo die Ski nur noch in der Mitte aufliegen und der Drehwiderstand am geringsten ist. Ein seitlich stützender Stockeinsatz dient als Stabilisierungshilfe. Beim Ausgleichen werden die Beine vom Buckel vor dem Körper hochgedrückt (größerer Federweg), das Schlukken des Buckels ist also mehr ein passives Beugen der Beine vor dem Körper. Unmittelbar danach setzt ein aktives Streckdrehen der Beine während der Schwungsteuerung ein, das einer Tretbewegung nach unten entspricht, damit ein ständiger Kontakt mit dem Boden erhalten bleibt.

Ausgleichs-
technik in der
Buckelpiste –
hier schulmäßig
demonstriert.

Buckelfahren in Variationen

Der perfekte Skiläufer variiert die Grundbewegung des Ausgleichens – je nach Gelände.

1 Langsame Fahrgeschwindigkeit:

Buckel als Entlastungs- und Drehhilfe. Überfahren eines Buckels mit Drehbeginn auf dem höchsten Punkt. Aktives Streckdrehen ermöglicht gutes Dosieren des Fahrtempos.

1

2 Mittlere Fahrgeschwindigkeit:

Talstemme als Bremshilfe und zum Druckfassen. Die Talstemme vor Drehbeginn bewirkt nicht nur ein Abbremsen, sondern ermöglicht auch ein seitliches Druckfassen. Das erleichtert in Verbindung mit der Ausgleichsbewegung die Schwungauslösung.

2

3 Flüssiges Abfahren:

Ausgleichsschwung mit Umsteigen auf harter Piste. Das freie Spiel der Beine kennzeichnet die flüssige Buckeltechnik. Der ausgeprägte Belastungswechsel beim Umsteigen erleichtert die Schwungauslösung. Optimaler Kantendruck beim Drehen der Ski.

3

4

4 Schnelles Abfahren im extremen Buckelgelände:

Kompressionsschwünge mit aktivem Durchhocken der Beine. Je schneller man fährt, desto schneller muß die Skidrehung erfolgen. Dabei darf das Gelände nicht mehr als Entlastungshilfe gesehen werden. Bereits in der Mulde vor dem Buckel beginnt der Skiläufer die Beine zu beugen und federt mit angehockten Beinen über den Buckel.

Dadurch, daß die Ski beim Eindrehen in die Fallinie kurzzeitig beschleunigt werden, kommt der Skifahrer in eine Rücklageposition.
Beim Streckdrehen werden die Ski wieder abgebremst, der Skifahrer pendelt zurück in die Mittellage.
Der Könner fährt gleichermaßen Ausgleichsschwünge in beidbeiniger (Parallelschwingen) und einbeiniger (Umsteigeschwingen) Fahrweise.
Während der Schwungausführung sollen die Ski möglichst immer Bodenkontakt behalten. Natürlich muß sich die Ausgleichsbewegung der Beine ganz nach dem **Gelände** und dem **Fahrtempo** richten. Der Oberkörper sollte dabei stets talwärts gerichtet sein.
Bei schnellem Fahrtempo verdichtet sich die Bewegung des Beugedrehens – Streckdrehens auf eine kurze Zeitspanne. Um dies durchstehen zu können, empfiehlt es sich, die Buckel aus der Mulde heraus »vorzuspringen«, indem man sich einbeinig (Umsteigen mit schnellendem Abstoß) oder zweibeinig aus der Mulde herausfedert, die Knie aktiv anhockt und drehend streckt (**Kompressionstechnik**). Verständlich, daß nur konditionsstarke Skiläufer das können.

Fahren im Buckelgelände mit unterschiedlicher Skiführung. Änderung der Abfahrtsspur: Links: Normale Spur. – Mitte: Stärkere Belastung der Skispitzen. – Rechts: Betonte Belastung der Skienden.

Die Grafik zeigt den »Idealweg« im extremen Buckelgelände. Blauer und roter Weg: kurzer oder langer Schwungradius.
Nicht gut ist das Überfahren von hohen Buckeln (schwarzer Weg), es sei denn, man fährt sehr langsam.

Um ein »Zusammenstauchen« im extremen Buckelgelände zu vermeiden, versucht der Könner, die Buckel mehr zu umfahren als direkt zu überfahren. Das Umfahren der Buckel erfordert allerdings ein schnelleres Andrehen, weil sonst die Skienden am Buckel anstoßen und hängenbleiben können. Dabei kommt der Skifahrer allzu leicht in Rücklage und die Ski gehen durch.

Fahrtips:
Buckelfahren muß man nicht nur lernen, sondern auch trainieren, allein schon wegen der Kondition.

- Die größte Schwierigkeit ist, Bodenkontakt zu behalten, die geringste das Skidrehen. Verzich-

ten Sie deshalb auf extreme Vertikalbewegung, d. h. aktive Entlastung, und bedienen Sie sich mehr der passiven. Je schneller Sie fahren, desto weniger Entlastung!

- Häufig bewirkt das schnelle Skidrehen, daß der Oberkörper nicht mehr nachkommt. Versuchen Sie, den Oberkörper immer talwärts zu halten. Dadurch erreichen Sie eine günstige Antizipation (Bewegungsvorwegnahme) für den nächsten Schwung.
- Jeder angesteuerte Buckel erzeugt beim Fahren einen Gegendruck, der durch die Elastizität der Beinmuskulatur geschluckt werden kann. Dabei keinesfalls die Muskeln locker machen. Versuchen Sie, Ihr Skigefühl für Druckfassen und Drucklösen ständig zu verfeinern.
- Eine wichtige Stütze ist der Stockeinsatz. Versuchen Sie, den Stockeinsatz immer weit seitlich und talwärts. Der Stockeinsatz bringt den Oberkörper in die richtige Position.
- Vermeiden Sie übertriebenes Ausgleichen (Absitzen), das führt zur sturzverdächtigen Rücklage. Fahren in Rücklage ist anstrengend und bewirkt häufig ein Überkreuzen der Skispitzen auf dem Buckel. Passen Sie die Ausgleichsbewegung den Buckeln an.

Auch der richtige Stockeinsatz ist immer wieder zu üben.

1

2

3

4

5

6

In manchen Situationen ist es besser, einen Buckel oder wie hier eine Geländekante zu überspringen. Die Skidrehung erfolgt dabei beim Anhocken in der Luft.

- In extremen Buckelpisten wendet man auch den **Jetschwung** an. Damit man dabei nicht über den Buckel hinausgetragen wird, versucht man, die Buckel mehr zu umfahren. Die Jetbewegung erfolgt entlang der Buckelflanke.
- Bei schnellem Tempo werden die Ausgleichsbewegungen der Beine zu einem aktiven Anhokken gesteigert (Kompressionsschwung). Das Anhocken muß jedoch so rechtzeitig erfolgen, daß es auf dem Buckel bereits in das Streckdrehen übergeleitet werden kann.

Wer's kann, wird auch beim Bukkelfahren zur Abwechslung mal einen Buckel überspringen. Zum Ausgleichen des »Knieschwammerls« oder weil's einfach Spaß macht.

Eisfahren

Beim Fahren auf vereisten Pisten sind die Schwierigkeiten oft identisch mit denen im steilen Gelände. Die Angst, abzurutschen, verleitet den Skifahrer dazu, sich bergwärts zu lehnen und sich eher passiv zu verhalten. Besonders die Skiläufer, die starke Entlastungsbewegungen brauchen, um die Ski zu drehen, sowie diejenigen, die mit zu schwachem Kantendruck und zu aufrecht fahren, haben Probleme.

Wirklich gute Skiläufer zeichnen sich nicht nur durch einen eleganten Fahrstil oder eine besonders extreme Rücklage aus, sondern durch ihre Skiführung (die Skiführung bezeichnet die Lage der Lauffläche der Ski zum Schnee). Auffallend dabei ist, daß sie entweder versuchen, die Ski immer optimal gleiten zu lassen oder im richtigen Moment zu kanten. Das heißt: Einmal unnötigen Kanteneinsatz vermeiden, das andere Mal möglichst wirksam die Kanten einsetzen.

Wirksam die Kanten einsetzen bedeutet, die Ski so zu belasten, daß ein möglichst großer **Kantendruck** entsteht. Es gibt zwei Möglichkeiten, den Kantendruck zu steigern:

1. Hoch – Tiefbewegungen
z. B. explosive Streckbewegung in der Schwungsteuerung oder schnelles Abbremsen einer Beugebewegung.

2. Verstärkte Außenskibelastung
wie z. B. beim Parallel-Umsteigeschwung. Umsteigeschwünge sind für eisige Pisten also prädestiniert.

Fahrtips:

- Manchmal liegt die Ursache eines schlechten Kanteneinsatzes in den stumpfen Kanten der Ski oder an der mangelnden Stabilität der Skischuhe. Ist beides nicht der Fall, dann sind Skiführung und Position für den Kanteneinsatz entscheidend.

Man sollte nicht vergessen, daß gerade auf eisigen Pisten längere Ski mehr Halt bieten als kurze.

- Je steiler und glatter der Hang, desto stärker müssen die Ski –

beim Schrägfahren wie beim Schwingen – gekantet werden. Das Aufkanten erfolgt durch Vorwärts-Seitwärtsdrücken der Knie, wobei der Oberkörper eine Ausgleichsbewegung macht (Vor-Seitbeugen). Das Entscheidende dabei ist die Dosierung des Kanteneinsatzes, und zwar dem Gelände, den Schneeverhältnissen und dem Fahrtempo entsprechend.

Was das Fahrtempo betrifft, so ist es ratsam, auf Eis langsamer als sonst zu fahren. Auch die Bewegungsaufführung ist »gedämpfter«.

- Leider verhalten sich viele Skiläufer, gerade was die Dosierung des Kanteneinsatzes auf harten Pisten anbelangt, falsch, indem sie versuchen, sich mit aller Kraft am Hang festzukrallen, dabei zu stark bergwärts stehen und dadurch erst recht abrutschen. Dafür muß man zunächst Erfahrung sammeln.
- Danach kommt es darauf an, den Kanteneinsatz beim Schwingen so präzise auszuführen, daß er genau an der richtigen Stelle im Gelände und im richtigen zeitlichen Augenblick erfolgt und

Unterschied zwischen flacher Skiführung (oben) und schneidender Schwungsteuerung (unten). Je steiler und glatter das Gelände, um so wichtiger ist das »Schneiden«.

dabei dem Skiläufer den nötigen Halt bietet – für einen Slalomläufer erste Voraussetzung.

Machen Sie in der eisigen Buckelpiste ruhig einen Schwung mehr als sonst.

- Es ist unzweckmäßig, die Ski ständig extrem auf den Kanten zu führen, die Folge davon ist meistens ein »Rattern«. Beim Rattern verliert man mit den Kanten den Bodenkontakt und fühlt sich noch unsicherer als auf flachem Ski. Es ist deshalb besser, immer eine gewisse Kantenreserve zu haben, um diese dann im richtigen Moment voll auszuspielen.
- Ebenso sinnvoll ist es, den Kanteneinsatz nicht mehr in einer Entlastungsphase, sondern mit Belastung auszuführen. Die Belastung der Kanten muß aber kurzzeitig und aktiv geschehen.
- Gerade beim Umsteigeschwingen ist der Kantendruck durch die betonte Talskibelastung kurzzeitig stärker; außerdem nützt der etwas breitere Stand (Schrittbewegung) dem Gleichgewichthalten. Wichtig ist dabei ein markanter Belastungswechsel ohne ausgeprägte Entlastungsbewegung.
- In schwierigem und eisigem Gelände sollten Sie immer nahe der Fallinie abfahren. Es ist meistens leichter, kurze, aneinandergereihte Schwünge zur Tempokontrolle zu machen als zu lange

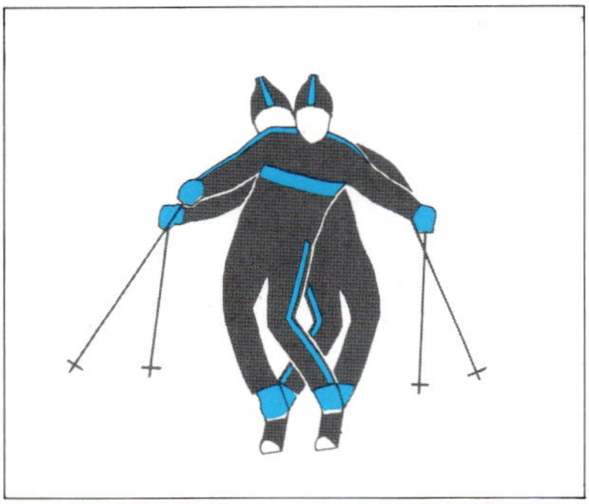

Kantenwechsel richtig.

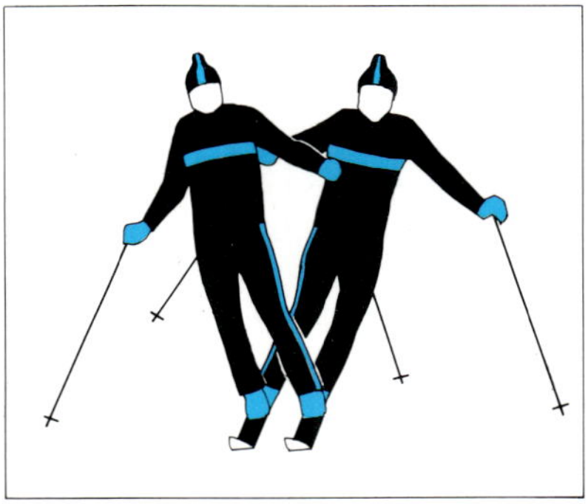

Kantenwechsel falsch.

Querfahrten. Niemals dabei den Kantenkontakt verlieren!

- Selbst die eisigsten Hänge haben leichtere Passagen. Suchen Sie sich die griffigen Stellen zum Schwingen und traversieren Sie dazwischen.

Am **Steilhang** gibt es nur eine Devise:
Bremsen durch ausgeprägtes **Querstellen der Ski,** noch besser: immer wieder den Berg hinauffahren, weg von der Fallinie.

Verhalten auf Eisplatten: Links: Richtig – Knie vorwärts-bergwärts.
Rechts: Falsch – Innenlage führt zum »Ausrutschen«.

Tiefschneefahren

Die winterliche Bergwelt abseits des Pistenrummels zu genießen, das unberechenbare Spiel mit dem Element Schnee, die Herausforderung, einen noch »jungfräulichen« Hang als erster und einziger zu befahren – das alles und noch viel mehr ist Tiefschneefahren. Aber auch hier spielt neben der Erfahrung das skitechnische Können eine Rolle. Die Schwierigkeit liegt darin, daß es einerseits keine absolut richtige Tiefschneetechnik gibt, so wie die Ausgleichstechnik beim Buckelfahren, obwohl andererseits das Fahren im Tiefschnee dem Schwingen über Buckel ähnelt. Wo liegen die Unterschiede? Was macht das Tiefschneefahren so schwierig?

1. Entlastung und Belastung – Drehen und Steuern

Entlastung und Belastung der Ski müssen im Tiefschnee äußerst präzise und fein dosiert mit dem Drehen und Steuern der Ski koordiniert werden. Beim Andrehen des Schwunges müssen die Ski entlastet, beim Steuern belastet werden. Rücklage, Belastung der Skienden, Entlastung der Skispitzen erleichtert das Andrehen, erschwert aber das Steuern. Das bedeutet, in der Steuerphase schnell zur Mittellage zurückzupendeln. Ein ständiges Spiel des Körpers mit dem Gleichgewicht. Kein Wun-

der, daß dabei Belastungsfehler vorkommen. Es braucht viel Erfahrung, um die Bewegung so zu dosieren zu lernen, daß die Ski nicht »graben«, sondern »schwimmen«.

2. Außenski und Innenski – Außenlage und Innenlage
Verstärkte einseitige Skibelastung, auf der Piste ohne Probleme, erzeugt beim Tiefschneefahren eine große Wirkung. Je mehr man einen Ski belastet, desto mehr sinkt er ein und der jeweils unbelastete Ski macht sich selbständig. Ausgeprägte einbeinige Belastung ist also zu vermeiden.

Übertriebene Oberkörperbewegungen können den gleichen Effekt verursachen. Zu viel Außenlage oder Innenlage verstärkt die einbeinige Skibelastung ungewollt genauso. Zu lange Querfahrten verstärken die Außenlage und den Kantendruck mehr, als man »verkraften« kann.

3. Kleine Fehler – große Wirkung
Fahrfehler im Tiefschnee lassen sich meistens nicht mehr korrigieren und führen schneller als auf der Piste zum Stürzen. Fahrfehler, die auf der Piste gar nicht als Fehler registriert werden, wirken sich

Nur der sichere Tiefschneefahrer kann es sich leisten, beim Steuern die Skistellung zu öffnen.

Drehhilfen beim Tiefschneefahren: Arm- und Schulterrotation – Andrehen der Hüfte – Innenlage und Stockeinsatz.

im Tiefschnee zur Überraschung des Skifahrers spontan negativ aus. Richtige oder falsche Bewegungen können nur gefühlsmäßig erfaßt werden. Kraft ist nichts, Gefühl ist alles!

Die funktionelle Technik für die verschiedenen Schneearten
Tiefschnee ist natürlich nicht immer Tiefschnee. Man unterscheidet aufgrund der Schneebeschaffenheit etwa drei Variationen:

Schneearten

	leicht befahrbar	**normal befahrbar**	**schwierig befahrbar**
Anfänger	Umsteigeschwung mit Bergstemme Hochschwung	Umsteigeschwung mit Bergstemme Hochschwung mit Rotation	Spitzkehre Bogentreten Umsprung
Könner	Kurzschwung	Rotationsschwung Kurzschwung Jetschwung Kompressionsschwung	Kompressionsschwung Umsprung

- **Leicht fahrbarer Tiefschnee:** Pulverschnee auf harter Piste, Neuschnee, Firnschnee.
- **Normal fahrbarer Tiefschnee:** tiefer Pulverschnee, Pappschnee, Sulzschnee.
- **Schwierig fahrbarer Tiefschnee:** Preßschnee, Packschnee, Bruchharsch, Faulschnee.

Neben der Schneebeschaffenheit beeinflußt auch die wechselnde Geländestruktur die funktionelle Abfahrtstechnik. Im lockeren und nicht zu tiefen Neuschnee und im unschwierigen Gelände kann durchaus jeder mit dem üblichen Parallelschwung zurechtkommen, wenn er schön geschlossen dreht und mit beidbeiniger Skibelastung fährt. Im tieferen und schwer befahrbaren Tiefschnee muß die Skitechnik neben grundsätzlichen Anpassungen der Situation gemäß variiert werden.

Fahrtips:

- Die Grobstruktur des Geländes (Mulden – Buckel usw.) sowie die Hanglage (Sonnenseiten – Schattenseiten – Windrichtung) sagen viel über den Schnee aus.
- Zum Tiefschneefahren ist eine Mindest-Hangneigung erforderlich. Der Steilheit des Geländes und dem Schneewiderstand entsprechend müssen Schwungradius und Fahrtempo richtig dosiert werden.
- Ein höheres Fahrtempo und Schwünge nahe der Fallinie stellen eine zusätzliche Erleichterung dar – für den, der sich traut, d. h. wenn man das Risiko eines höheren Fahrtempos einkalkuliert.
- Besonders schwierig ist das Andrehen beim ersten Schwung. Hier empfiehlt sich, in der Falllinie anzufahren (Tempo machen!) und beim ersten Schwung die Ski nicht querzustellen.
- Zu viel Rücklage ist durch die Haltearbeit (fixierte Körperstellung) sehr anstrengend. Dadurch verliert man in der Steuerphase die Tempokontrolle. Wenn die Ski durchgehen, rettet sich der Skifahrer in die Querfahrt. In der Querfahrt verstärkt sich zunehmend die Außenskibelastung und die Außenlage, was meistens zum Sturz führt.
- Langsamfahren ist im Tiefschnee nur durch Umsteigeschwünge mit Bergstemme möglich. Das bergseitige Ausstemmen verkürzt den Weg über die Fallinie.
- Besonders tückisch ist Bruchharsch. Hier muß man wie auf rohen Eiern fahren, nicht zu schnell, aber auch nicht zu langsam. Bricht man ein, hilft nur noch der Umsprung.
- Tiefschneefahren kann so berauschend wirken, daß man nicht mehr wahrnimmt, wann die Kondition nachläßt oder Gefahren drohen. Wenn sich die Stürze häufen, sollte man aufhören.
- Das höhere Tempo und Fahren nahe der Fallinie ermöglichen das bessere Ausnutzen von äußeren **Drehkräften.** Das Problem ist dabei die gleichmäßige Gewichtsverteilung auf beide Ski, was wiederum nur durch gleichbleibendes Tempo erreicht wird. Je geringer das Tempo, desto größer ist die Gefahr, daß die Ski auf unterschiedlicher Ebene laufen. Je näher Sie an der Falllinie fahren, um so leichter ist die beidbeinige Skibelastung.
- Bei höherem Tempo entsteht folgender Effekt: Das stärkere Zusammenschieben des Schnees im Schaufelbereich drängt die Skienden in die Kurve und erleichtert das Seitdriften. Deshalb sind weiche Ski wichtig: Je härter die Ski, desto schneller muß

man fahren, um leichter drehen zu können.

- Tiefschneefahren muß erfühlt werden, d. h. man muß lernen zu fühlen, ob man die optimale Körperposition hat, ob die Ski richtig belastet sind, wie das Fahrtempo den jeweiligen Schwungradius beeinflußt, wie die Hangneigung sich verändert usw.
- Weniger Außenlage, dafür mehr **Innenlage** und **Rotation,** ruhiger Oberkörper und mehr tastender Stockeinsatz sind zu empfehlen. Tiefschneefahren erfordert mehr »Versammlung« als normal und eine besonders geschlossene Fahrstellung.
- Dem noch unerfahrenen Tiefschneefahrer werden übertriebene Entlastungsbewegungen helfen, wodurch die Zeitdauer der Entlastung in die Länge gezogen wird. Man muß die Schwünge rund andrehen (mit Rotation), das erleichtert Ihnen die Schwungauslösung und -steuerung. Eine etwas verzögerte Hochbewegung z. B. beim Parallelschwung ist besser, weil kein richtiger Abstoß möglich ist. Möglichst immer sanft tiefgehen. Übertriebene Rumpfbewegungen, besonders eine starke Oberkörperbeugung nach vorne beim Tiefgehen wirken sich ungünstig aus.
- Stürzen gehört zum Tiefschneefahren, und keiner kann davor sicher sein. Obwohl Tiefschneestürze oft imponierend gefährlich aussehen, verlaufen sie meist harmlos. Um so schwieriger ist nicht selten das Aufstehen.

Lernhilfen:
Folgende Lernschritte sind zu empfehlen:

- Tiefschnee-Anfänger sammeln die ersten Erfahrungen am besten bei leichtem Neuschnee auf der Piste oder grob getretenem Tiefschnee am Übungshang.
- Nehmen Sie sich eine immer größere Anzahl von Schwüngen vor.

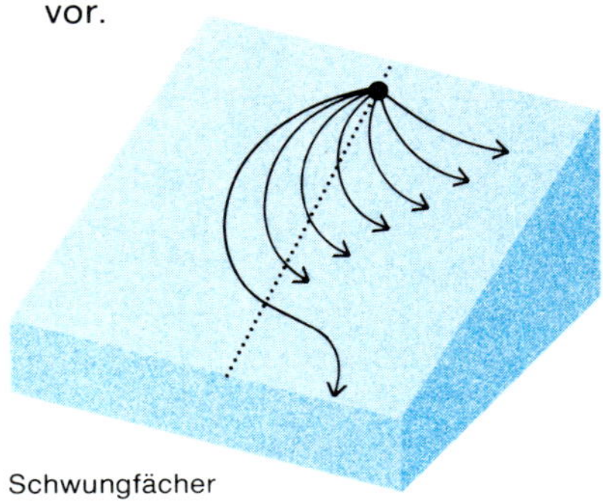

Schwungfächer

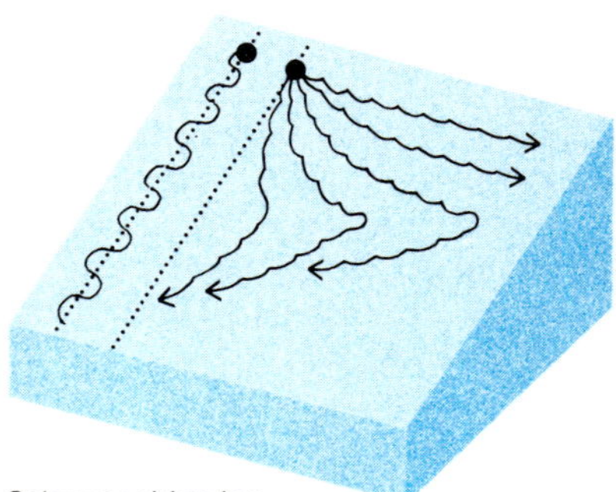

Schwunggirlanden

Tiefschneefahren erfordert außergewöhnlich viel Schnee-Erfahrung. Nützen Sie jede Möglichkeit, diese zu »erfahren«.

Grenzen des Tiefschneefahrens
Was die Skipraxis anbelangt, so zeigen die manchmal extremen schweren Schneeverhältnisse sehr häufig auch die Grenzen des eigenen Fahrkönnens auf. Ein Hang, abseits der Piste, der, noch früh am Morgen leicht aufgefirnt, problemlos zu befahren ist, kann am Nachmittag unschwingbar sein. Da kommt es dann darauf an, den richtigen Zeitpunkt für die »Genußabfahrt« herauszufinden. Im schweren Schnee (Faulschnee), wenn selbst der Stemmschwung nicht mehr geht, bleibt dem Könner dann nur noch der **Umsprung.** Eine Art Parallelschwung, bei dem beide Beine aus dem Schnee gehoben und die Ski in der Luft gedreht werden. Bei der Landung müssen die Ski dann möglichst flach aufgesetzt werden, um einen Sturz talwärts zu vermeiden. Es kann aber auch Situationen geben, wo der »Andreas-Hofer-Schwung« – Schrägfahrt mit Spitzkehre – die einzige Rettung ist.
So reizvoll das Tiefschneefahren ist, so gefährlich kann es sein. Auf der Suche nach immer neuen unberührten Hängen abseits der Pisten geraten Skifahrer häufig in alpines Gelände, das nicht mehr sicher ist. Aus eigener Erfahrung

Lawinenabgang im Pistenbereich – keine Seltenheit!

weiß ich, welche Herausforderung eine Tiefschneefahrt bedeuten kann. Im **lawinengefährlichen Gelände** gibt es aber keine Kompromisse, hier heißt es gleich umkehren oder ganz verzichten. Es ist eine Selbstverständlichkeit, daß man den Anordnungen der Bergbahngesellschaften, Skischulen, Pistendienste etc. Folge leistet und die markierten Pisten nicht verläßt oder Hinweise beachtet.
Auch die Situation der Umwelt ist ein besonderer Problembereich. Zum Schutz der Vegetation sowie des Wildes ist freies Skifahren im Wald nur auf markierten Pisten erlaubt und auf ausgewiesene Routen zu beschränken. Die Scho-

nung der freien Natur ist heute oberstes Gebot.
Wer Grundschwung, Umsteigen und Parallelfahren, wer Tiefgehen, Aufkanten, Beinedrehen usw. im Skikurs gelernt hat, ist skitechnisch bestimmt ziemlich perfekt. Ein »gestandener Skifahrer« ist man jedoch erst, wenn das Skikönnen nicht nur am **Trainingshang,** sondern auch im **Gelände** angewendet werden kann. Dazu braucht man ein großes Maß an Erfahrung, und zwar in der Beurteilung der funktionellen Skitechnik, der verschiedenen Geländeformen und den wechselnden Schneebedingungen.

Die Skitechnik gezielt anwenden heißt rationell fahren: Hier Entlastung und Belastung mit Geländehilfe.

Die Skitechnik gezielt anwenden lernen
Zwischen Übungshang und Fahren im Gelände liegen Welten. Der gute Fahrer nützt alle Geländeformen – je nachdem bremsend – gleitend oder beschleunigend für sich aus. Er weiß, daß er durch Beugen der Beine den Druck auf die Skispitzen, durch Strecken der Beine den Druck auf die Skienden verstärken kann. Er versteht es, durch entsprechende Dosierung der Vertikalbewegung die Ski mehr oder weniger stark zu be- und entlasten. Der Könner beherrscht das skitechnische Handwerkszeug und läßt sich durch »Geländestörungen« nicht so leicht aus dem Gleichgewicht bringen. Er hat auf alle Störfaktoren eine »Antwort«

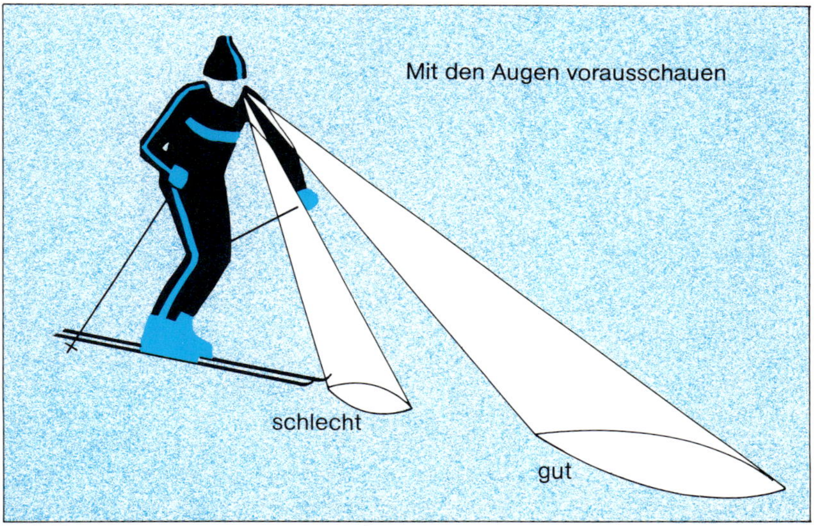

Im Gelände immer mit den Augen vorausschauen. Wer beim Fahren auf die eigenen Ski schaut, hat keine Übersicht.

parat und vermeidet, durch bestimmte Situationen in eine das Gleichgewicht störende Fahrstellung (z. B. Rücklage beim Überfahren einer Kante) zu kommen. Seine Bewegungsbereitschaft ist ständig vorhanden, er geht mit dem Gelände mit und paßt sich den Gegebenheiten an.

Skitaktisches Verhalten lernen
Irgendwann ist jeder Skifahrer mit seinem Latein einmal am Ende, wenn er nicht gelernt hat, »skitaktisch« richtig zu handeln. Man denke dabei nur an die Übermüdungsmöglichkeit, z. B. wenn man längere Streckenabschnitte durchfährt oder durchfahren muß. Mit welcher Technik soll man schwierige Abfahrten bewältigen?
Wie soll man sich bei schlechtem Wetter verhalten?
Es gibt Situationen, auf die man **defensiv** oder **offensiv** reagieren kann und muß. Einige Beispiele dafür auf Seite 114.

Bei schlechten Verhältnissen fahren lernen
Oft sind es Nebeltage, nicht die sonnigen Skiausflüge, die uns Skifahrern besonders im Gedächtnis bleiben. Ich kenne kaum einen Skiexperten, der nicht bei schlechter Sicht, sei es Nebel oder starker Schneefall, auch seine Probleme hatte.

Beispiele für situationsgemäßes Verhalten

Situation	offensiv	defensiv
Gelände bekannt	×	
freies Gelände	×	
Gelände unbekannt		×
Abfahrt gut markiert	×	
Abfahrtsschwierigkeit unbekannt		×
Waldabfahrt		×
breite Piste	×	
Pistenwalze unterwegs		×
eisige Piste		×
Pulverschnee	×	
Abfahrt aper		×
Schneefall, Nebel		×
viel Pistenverkehr		×
gute Kondition	×	
schlechte Kondition		×
Gefahrenstellen		×
Ziehwege		×
Überqueren der Lifttrasse		×
Lawinengefahr		×

Neben schlechten Pistenverhältnissen ist das Abfahren bei schlechter Sicht eine Situation, die besondere »Anpassungsmaßnahmen« des Skiläufers erfordert. Genauso wie beim Straßenverkehr empfiehlt sich hier grundsätzlich eine **defensive Fahrweise.**
Leichter gesagt als getan! Besonders für schwächere Skiläufer bringt das langsame Fahren zusätzliche Schwierigkeiten dadurch mit sich, daß der Schwunganzatz fast »zeitlupenartig« erfolgt, d. h. immer schwerer wird, manchmal sogar gerade deshalb mißlingt. Aus Angst vor dem Mißlingen des Kantenwechsels am Schwungbeginn »retten« sich viele Skiläufer deshalb in lange Schrägfahrten, die dann mit einem markanten Richtungswechsel »von Zick nach Zack« – in eine neue Querfahrt führen. Haben Sie schon einmal einen Könner beobachtet, was der im Nebel skitechnisch macht?
Der gute Skiläufer greift einfach auf die **»Talstemme«** zurück. Diese Technik ist eine Variante des Umsteigeschwungs, wobei der Talski (Außenski) vor dem Umsteigen auf den neuen Außenski mehr oder weniger stark mit dem Skiende ausgewinkelt wird. Der jeweilige Talski wird dabei als eine Art »Ausleger« benützt. Somit kann nicht nur das Fahrtempo dosiert abgebremst, sondern auch das Gelände regelrecht abgetastet werden. Außerdem kann sich der Ski-

Bei schlechter Sicht und Nebel ist es ratsam, Waldabfahrten zu wählen.

fahrer vom ausgewinkelten Talski in schwierigen Situationen, wo extreme Richtungsänderungen bei langsamer Geschwindigkeit notwendig sind, viel besser abstoßen, wenn er einen neuen Schwung ansetzen will. Das ist besonders dann von großem Vorteil, wenn man die Schwünge nicht kurz aneinanderreihen kann oder will. Probieren Sie die Talstemme mal aus – zunächst bei guter Sicht!

Neben der **Anpassung der Skitechnik** an **äußere Störfaktoren** gibt es noch eine Reihe anderer taktischer Tips zum richtigen Verhalten.

Wenn sich lange **Querfahrten** nicht vermeiden lassen, dann ist auch ein »Stochern« mit dem talseitigen Stock eine gute Hilfe. Hinsichtlich des Skigeländes ist die Orientierung in Waldregionen natürlich leichter als auf Pisten oberhalb der Baumgrenze. Bevorzugen Sie an Schlechtwettertagen also besser die **Waldabfahrten.** Nicht immer sind die Pisten so vorbildlich markiert, daß man sich auf die Stangen am Pistenrand verlassen kann.

Gerade bei starkem Schneefall ist es besser, immer nur kurze Strecken konzentriert abzufahren, abzuschwingen und sich neu zu orientieren.

Bei dichtem Nebel wird von dem **Gleichgewichtssinn** viel verlangt.

Fahrsituationen, die man kennen muß

Das Erkennen von leichten und schwierigen Gelände- und Schneeverhältnissen muß man regelrecht »erfahren«. Also, nicht einfach drauflosfahren, besser ist es, zuerst das Gelände zu studieren und dann sein Verhalten darauf abzustimmen. Machen Sie es wie die Rennläufer: Fahren Sie Ihre gewählte Abfahrt zunächst in kleinen Abschnitten durch und suchen Sie sich im voraus die ideale Linie.
Anhand der folgenden ausgewählten Beispiele können Sie Ihren **7. Sinn** trainieren.

Geländeversteilung – zunehmende Buckel.
Geländeverflachung – weniger Buckel.

Anpassung der Körperstellung an das Gelände:

Übergang flaches – steiles Gelände:
Falsch: Zu aufrecht – Innenlage – Übersteuern.
Richtig: Entsprechend gebeugt – Vor-Seitbeugen.

Übergang steiles – flaches Gelände:
Falsch: Zu gebeugt und zuviel Außenlage – Verkanten.
Richtig: Entsprechend aufrichten – Ski flach stellen.

Anpassung des Schwungradius an die Steilheit des Geländes: Weich fahren auf weichem Schnee – hart fahren auf hartem Schnee.

Anpassung an das Gelände am Beispiel der Vertikalbewegung beim Hochschwingen:
Kleine Buckel – mehr hochgehen. Große Buckel – weniger hochgehen.

Auf Geländerücken abfahren. In Mulden Gegenhänge ausnützen.

Anpassung der Vertikalbewegung am Beispiel des Fahrtempos:

Geringes Fahrtempo – mehr Hoch-Tiefbewegung.

Hohes Fahrtempo – weniger Hoch-Tiefbewegung.

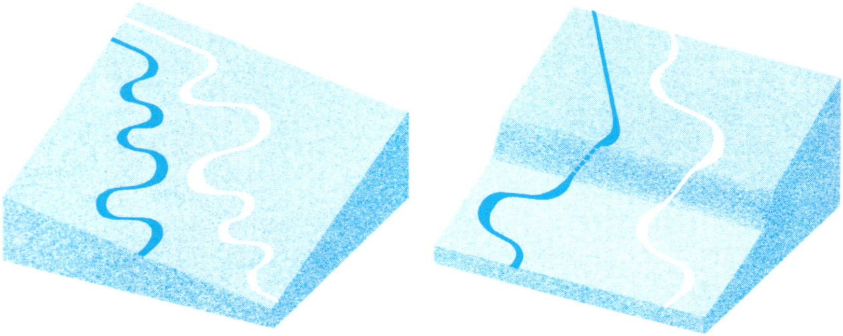

Links: Auf hängenden Abfahrten nicht in Fallinie fahren. Rechts: Bei Geländekanten weit vor der Kante den Schwung ansetzen. Kante langsam überfahren. (Vorsicht vor aperen Stellen!)

Das Auf und Ab der Skipiste beim Abfahren ohne Orientierungspunkte führt bei manchen Skifahrern zu regelrechten Schwindelanfällen wie beim Fahren mit der Schiffschaukel. Besonders lästig ist zudem das **Anlaufen der Schneebrille.** Der Autofahrer schaltet einfach den Scheibenwischer an. Der Skifahrer sollte möglichst vermeiden, die Scheiben der Skibrille ständig zu wischen, weil der »Anti-Fog-Belag« in feuchtem Zustand kratzempfindlich ist. Was tun? Am besten auf kürzestem Weg in die nächste Jausenstation fahren, möglichst in Talnähe. Dort kann man dann vielleicht seine Skibrille auf dem WC mit dem warmen Luftstrom des elektrischen Handtrockners wieder klar machen. Oder man verzichtet für den Rest des Tages auf das Skifahren – zu Gunsten des Après-Ski.

Skipiste in Idealzustand – auch in guten Wintern eine Rarität.

Tiefschneefahren – das ist und bleibt ein Zauberwort aller Skifans. Kein Wunder also, daß immer mehr Skifahrer ihre Spuren abseits der Piste legen oder zumindest versuchen, unpräparierte Abfahrtsvarianten im Seilbahnbereich bei Neuschnee als erste zu befahren. Doch gerade diese sog. »Varianten-Skifahrer« werden immer häufiger Opfer von Lawinenunfällen. Jedesmal stellen sich die gleichen Fragen: Lassen sich derartige Unfälle vermeiden? Haben die Skifahrer leichtfertig gehandelt? Oder muß man hier gar von höherer Gewalt sprechen, zumal man weiß, daß Lawinenunfälle nicht nur Unkundige betreffen? Lawinenexperten sind der Meinung, daß mindestens 90% aller Unfälle auf Selbstverschulden der Skifahrer zurückzuführen sind.
Eine totale Lawinensicherheit gibt es fast nicht, vielleicht nur auf gewalzten Pisten, deren Ränder völlig von Wald abgegrenzt sind und ganz flach auslaufen. Allerdings ist auch diese Regel nicht ohne Ausnahme: Man stellte Lawinen bereits an Hängen fest, die nur eine Neigung von 14 Grad aufwiesen. Wer von einer Lawine begraben wird, hat nur geringe Überlebenschancen (siehe Tabelle).
Normalerweise sind alle lawinengefährdeten Abfahrten durch Lawinenwarnschilder gekennzeichnet. Doch darauf kann und sollte man sich nicht immer verlassen.

Erfahrungswerte

Wer nach 1/2 Stunde geborgen wird, hat eine Chance von	60%,
Wer nach 1 Stunde geborgen wird, hat eine Chance von	40%,
Wer nach 2 Stunden geborgen wird, hat eine Chance von	10%,
Wer nach 5 Stunden geborgen wird, hat eine Chance von	0%.

Immer wieder findet man Warn- und Sperrschilder, die im Sommer wie Winter – auch bei sicherer Schneelage – aufgestellt bleiben. Was soll's – fragt sich deshalb so mancher Skifan, denn in Anbetracht seines meist hohen skitechnischen Könnens fühlt er sich absolut sicher, auch ungespurtes Gelände zu meistern, obwohl seine alpine Erfahrung hinsichtlich Lawinenkunde häufig noch äußerst mangelhaft ist.

Das Wissen um die alpinen Gefahren kann man kaum theoretisch erlernen. Nur eine praxisnahe Schulung ist sinnvoll, nur das ständige Anschauen oder Zeigenlassen von lawinengefährdetem Gelände durch Experten wird die alpine Erfahrung schließlich ausmachen. Trotzdem sollte man sich die Hauptursachen der Lawinengefahr immer wieder bewußt machen, bevor man sich in neue Tiefschnee-Abenteuer stürzt.

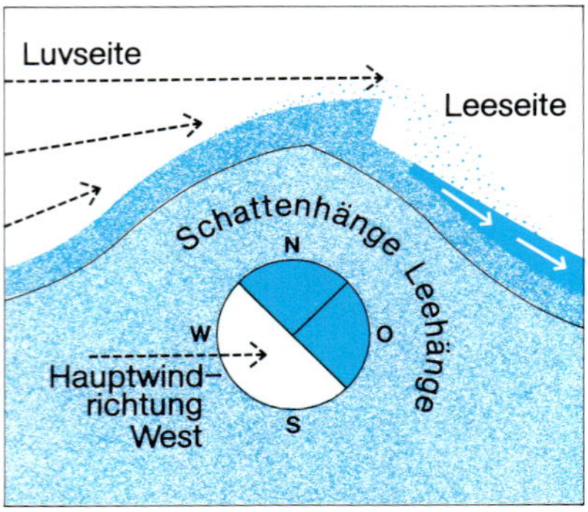

Wind als »Baumeister« von Lawinen. An Graten entstehen durch Windeinwirkung Schneewächten. Vorsicht beim Betreten solcher Wächten! Besonders gefährdet sind neben den Leehängen (Triebschneeansammlung) Schattenhänge. Über 90% aller Lawinenunfälle entstehen auf von Nordwest über Nordost bis Südost abfallenden Hängen.

Die folgenden Punkte sollte jeder Skifahrer wissen:
Lawinen bilden sich durch Zusammenwirken von Schnee, Wetter und Gelände. Im einzelnen ist mit Lawinengefahr zu rechnen bei:

- Neuschneemengen ab 30 cm,
- Windwirkung durch Triebschneeablagerungen in Windschattenhängen (besonders in Kammlagen), u. U. sogar ohne Neuschneefall (Schneefegen),
- Erwärmung und Durchfeuchtung der Schneedecke, insbesondere bei Föhneinbrüchen, Regen oder intensiver Sonneneinstrahlung, labilem Schneedeckenaufbau, vor allem bei Vorhandensein von sog. Schwimmschnee und eingeschneitem Oberflächenreif,
- ungegliedertem Gelände in windabgewandten, häufig nordost- bis südostexponierten Lagen bei Hangneigung ab 15%.

Das gefährlichste Gefälle liegt zwischen 28° und 45°.

Lawinengefahr besteht immer:

- bei starker Sonneneinstrahlung oder warmem Wetter (im Frühjahr) im steilen Gelände,

Spannungen in der Schneedecke:

Konvexes Profil – Zugspannung

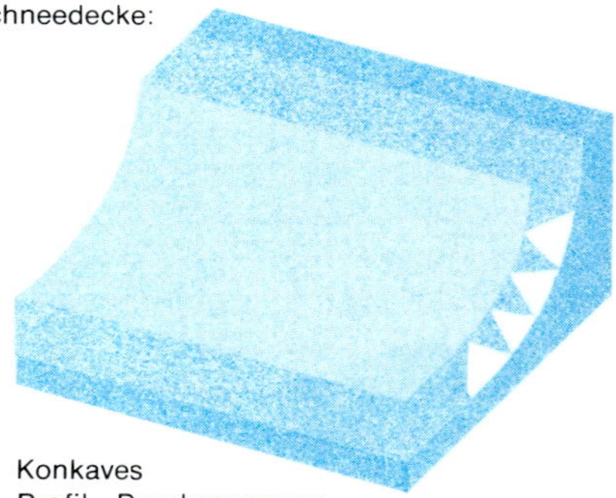

Konkaves Profil – Druckspannung
Konvexe Hänge sind gefährlicher als konkave.

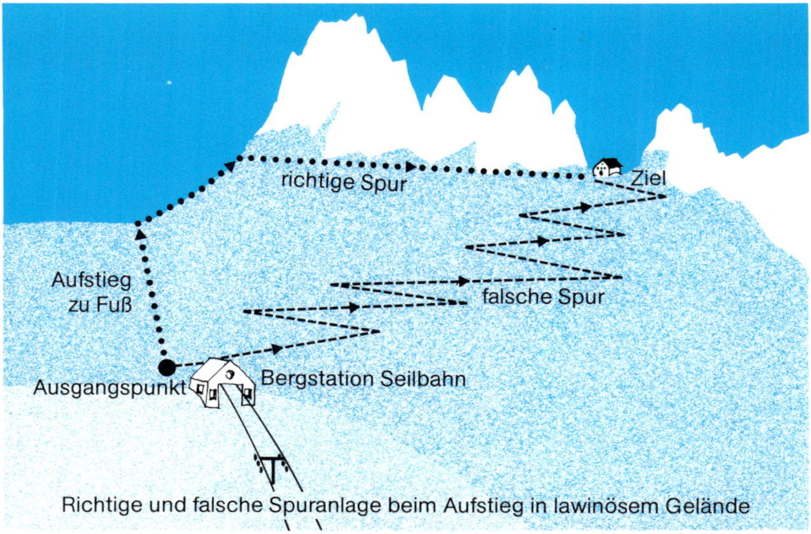

Das Ausweichen auf lawinensicheres Gelände ist nicht immer möglich. Vor allem bei »Varianten-Abfahrten« abseits der Piste muß die sicherste Wegwahl sorgfältig geprüft werden.

- bei starker Kälte an nordseitigen Hängen (Schwimmschneebildung),
- auf Leeseiten (im Windschatten) von Wächten,
- auf glatten und steilen Hangflächen (Grashänge),
- mehr in Mulden, Rinnen, Gräben als auf Rippen, Buckeln, Graten, Kämmen,
- bei gefrorenen Firnhängen und Neuschnee,
- bei V-förmigen Tälern mehr als bei trogförmigen,
- auf Schattenseiten (NW/N/NO/O), weil sich Schwimmschnee bildet,
- auf Sonnenseiten (SO/S/SW/W), weil sich Harsch bildet,
- bei Wächten: deshalb immer Abstand vom Wächtenrand halten.

In allen Alpenländern gibt es amtliche Lawinendienste, bei denen man sich erkundigen kann.

Verhalten bei Lawinengefahr

Grundsätzlich gilt:

- Außerhalb der Piste – auch im Nahbereich – niemals allein fahren, sondern mindestens in einer Dreiergruppe. Verletzt sich einer der Fahrer, dann kann ihn der zweite versorgen und betreuen, während der dritte Hilfe herbeiholt. Wer außerhalb der Piste allein fährt und sich verletzt, begibt sich in eine lebensgefährliche Situation!
- Lawinenverdächtiges Gelände möglichst ganz meiden.
- Bei unausweichlicher Berührung von Lawinenhängen lange Querungen **unterlassen.**
- **Ansteigspur** unter Ausnützung sicherer Geländepunkte (Rippen, Buckel, Felsinseln, Baumgruppen etc.) **möglichst in der Fallinie** (notfalls zu Fuß mit abgeschnallten Skiern) anlegen

Lawinenklassifikation

Gesichtspunkt	**Merkmale**	
Form des Anrisses (Anbruch-mechanismus):	Schneebrettanriß: 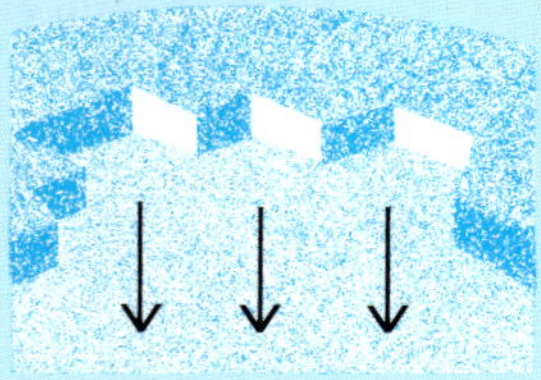	Lockerschneeanriß: 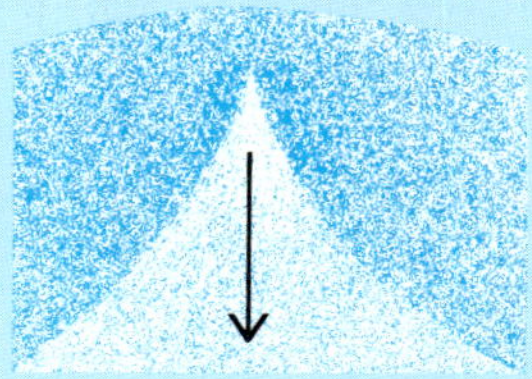
Lage der Gleitfläche:	Innerhalb Schneedecke: 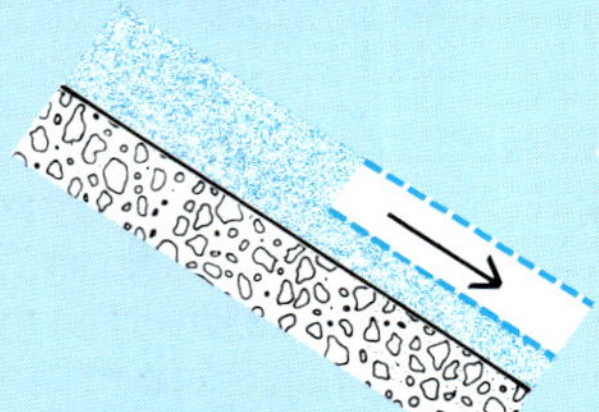 Oberlawine	Auf Boden: 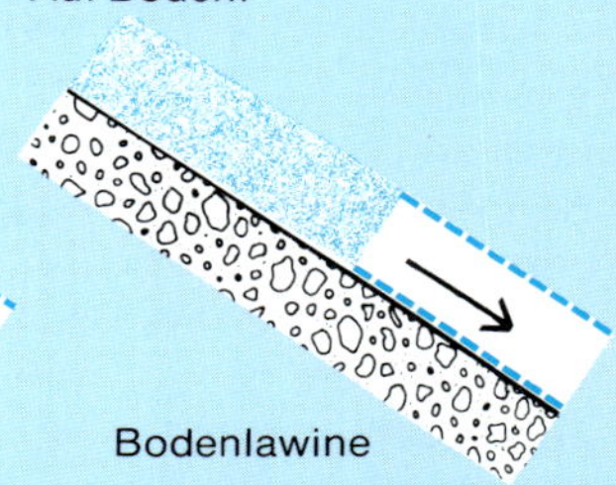 Bodenlawine
Feuchtigkeit des abgleitenden Schnees:	Trocken Trockenschneelawine	Naß Naßschneelawine
Form der Bahn (Querprofil):	Flächige Bahn Flächenlawine	Runsenförmige Bahn Runsenlawine
Form der Bewegung:	Vorwiegend stiebende Bewegung: 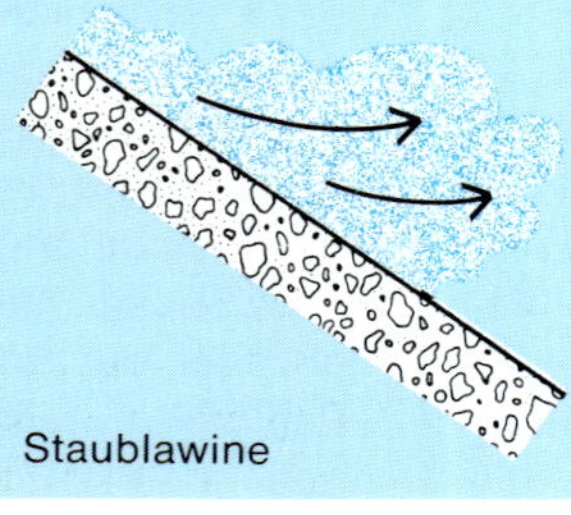 Staublawine	Vorwiegend fließende Bewegung: 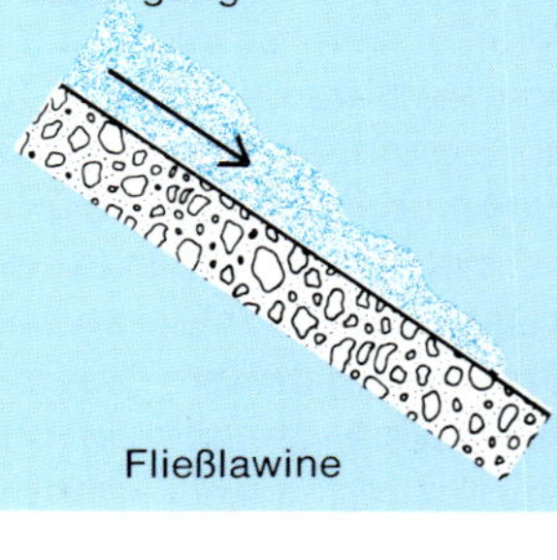 Fließlawine

und unumgängliche Querungen in Gefahrenzonen möglichst hoch am Hang mit fallender Spur durchführen.

- Abstände in der Gruppe so einhalten (auch bei Abfahrt), daß nur jeweils **eine Person im unmittelbaren Gefahrenbereich** ist. Abstandhalten ist auch aus Gründen der Hangüberlastung geboten.
- Bei Gruppen Warnposten dort aufstellen, wo Einsicht in das Gefahrengebiet gegeben ist.
- Geistig-seelische Bereitschaft gegenüber der drohenden Gefahr.
- Anlegen der ausgerollten **Lawinenschnur.** (Markierungspfeile deuten zum Körper!)
- Voraussichtlichen Fluchtweg für Schußfahrt (Schußflucht) mit Skiern ständig im Auge behalten. (Gilt nur für gute Skiläufer.)
- **Lockern bzw. Lösen aller sperrigen Gegenstände** (Bindung, Fangriemen, Stockschlaufen, Rucksackbauchriemen, etc.). Dies gilt grundsätzlich, wenn keine Schußflucht beabsichtigt ist.
- Alle Kleidungsstücke auch bei warmem Wetter anlegen (Gefahr der schnellen Unterkühlung).
- Gruppen, die freies Gelände befahren, sollen sich in jedem Fall mit elektronischen Sende- und Empfangsgeräten ausrüsten.

Auch die Benützung von elektronischen Sende- und Empfangsgeräten entbindet die Skisportler abseits der Piste nicht von der Dringlichkeit, mit erhöhter Vorsicht und Sorgfalt jede lawinengefährdete Situation zu vermeiden und Gefahrenstellen zu umgehen. Denn auch wenn man mit einem derartigen Gerät ausgerüstet ist und unter eine Lawine kommt, ist die Überlebenschance bei relativ schneller Auffindung sehr gering!

Verhalten beim Abgang einer Lawine (Selbstrettungsmaßnahmen)

- Falls noch möglich, unbedingt Schußflucht.
- **Befreiung von sperrigen Gegenständen** (Ski, Stöcke etc.).
- Schwimmbewegungen mit dem Lawinenstrom in der Absicht, sich an der Oberfläche zu halten und an den Lawinenrand zu gelangen.
- Vor dem Stillstand der Lawine **Kauerstellung einnehmen** und mit Unterarmen und Fäusten vor dem Gesicht Atemraum schaffen.
- **Selbstbefreiungsversuche** unternehmen, jedoch mit Kraftreserven haushalten. Für Befreiungsversuche ist es wichtig, die eigene Lage zu ermitteln. Durch Herausfließenlassen von Speichel aus dem Munde läßt sich die eigene Lage ermitteln. Sollte eine eigene Befreiung nicht möglich sein, so gilt: Ruhe bewahren. Kraft sparen.

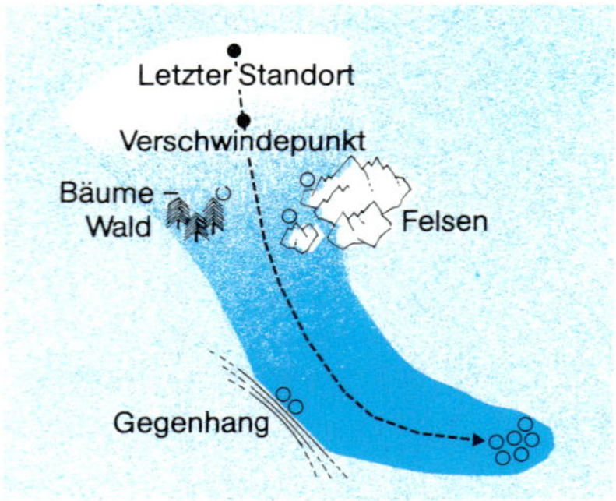

Lagestellen von Verschütteten (nach Campell)

- Da sich Geräusche von außen gut wahrnehmen lassen, laut rufen, wenn jemand in der Nähe ist. Gegen das aufkommende Schlafbedürfnis nicht ankämpfen, denn ein Schlafender braucht weniger Sauerstoff und eine Rettung ist auch noch nach Tagen möglich, jedoch unwahrscheinlich.
- Auf Rettung hoffen und horchen. Ständige physische und psychische Bereitschaft kann Schockwirkung verhindern.

Rettungsmaßnahmen durch Nichtverschüttete (Kameradenhilfe)

Ein modernes elektronisches Lawinensuchgerät verspricht bei Rettungsmaßnahmen den größten Erfolg, wenn der Verschüttete selbst auch mit einem kleinen Sender ausgerüstet ist. Ist dies nicht der Fall, müssen andere Rettungsmaßnahmen getroffen werden:

- Den von der Lawine **Erfaßten** bis zum Stillstand der Lawine **beobachten.**
- Dabei **Erfassungspunkt, Verschwindepunkt** und **Haltepunkt** merken und mit festen Gegenständen markieren.
- **Warnposten** wegen eventueller Nachlawinen aufstellen.
- **Oberflächliches Absuchen** und Abhören des Stauraumes der Lawine.
- **Hilfe anfordern** (Unglücksmeldung nach dem Schema: wann, wer, wie, wo?).
- Grobsondierung durch Zurückbleibenden beginnt zunächst im Suchbereich mit größter Erfolgswahrscheinlichkeit (Streifen längs Fließlinie zwischen Verschwindepunkt und Haltepunkt): Sondierungsstiche mit Sonden, notfalls mit Skistöcken und Skiern, in einer Ausdehnung von 75 mal 75 cm und mit einer Tiefe von wenigstens 1 m durchführen. Suchfeld nach und nach vergrößern und markieren.

Bergung des Verschütteten und Erste Hilfe

- Nach Feststellung der Lage des Verschütteten durch Richtsonden schnelles **Freilegen von Nase und Mund.**
- Bei Bewußtlosen unverzüglicher Beginn der Mund-zu-Mund-

Beatmung während des weiteren Ausgrabens.

- Lagerung auf vorbereitetem Platz (Wärmeschutz) in Seitenlage.
- **Wärmezufuhr** mittels heißer Getränke (nicht bei Bewußtlosen!), Massage oder Körperwärme und trockener Kleidungsstücke.
- Versorgung sonstiger nicht lebensgefährlicher Verletzungen (z. B. blutende Wunden, Brüche).
- **Abtransport** erst nach **erfolgter Wiederbelebung** und abgeklungener Schockwirkung. Nie einen Unterkühlten aufstehen lassen. Durch Vermischung von Schalen- und Kernblut besteht die Gefahr des Bergungstodes.

Der Skisport – auch eine Gefahr für die Natur

Immer mehr Skifahrer haben die überfüllten Skizentren satt und ziehen ihre Schwünge anstatt auf ausgebauten, stark frequentierten Skiautobahnen im Bereich von Tourenabfahrten, Wald- und Gletschergebieten. In einigen Skiregionen wurde zum Schutz der Natur bereits eine klare Trennung von Skigebiet und Schutzgebiet vorgenommen. Auch der Naturraum Alpen bedarf in Zukunft eines aktiven Umweltschutzes, denn ohne entsprechende Rücksichtnahme wird jede »Massen-Sportart« ökologisch bedenklich. Schädliche Auswirkungen auf die Natur können nur dann vermieden

Sicher oder gefährlich – das ist hier die Frage.

werden, wenn die sporttreibende Bevölkerung nicht nur die Befriedigung eigener Interessen sucht, sondern auch in Zukunft ein Mindestmaß an Rücksicht gegenüber Pflanzen- und Tierwelt walten läßt.

DSV-Verhaltensregeln für Skisportler in der freien Natur:

1. Markierungen und Hinweise beachten;
2. Keine unnötige Aufstiegsspur anlegen;
3. Nicht über unberührte Hänge abfahren, wenn Wildtiere gestört werden könnten;
4. Wildtieren ausweichen oder sanft auf sich aufmerksam machen;
5. Wildtiere nicht verfolgen;
6. Futterstellen meiden;
7. Wildtiere nur aus Distanz beobachten;
8. Wälder auf Wegen oder Straßen durchqueren;
9. Aufforstungen und Jungwuchs nicht durchfahren;
10. Junge Einzelbäume schonen.

Nach acht bis zehn Tagen Skifahren hat jeder Ski nur noch etwa 60% seines Kantengriffs.
Die meisten Alpinski werden heute dadurch unbrauchbar, daß Schäden an Lauffläche und Stahlkanten ein sicheres Fahren nicht mehr erlauben.
Regelmäßige Skipflege ist deshalb eine Voraussetzung für sicheres Fahren.
Aber auch ein fabrikneuer Ski ist erst dann fahrfertig, wenn die Kanten gratfrei scharf und an den Enden abgerundet sind, wenn die Lauffläche gewachst und abgezogen ist. Immer mehr Skihersteller gehen heute dazu über, die Erfahrungen bei der Präparierung von Rennski in die Serienproduktion zu übernehmen. Das Ergebnis: perfektes **Ski-Tuning** der Kanten und Laufflächen bereits ab Werk. Das heißt, jeder Ski ist beim Kauf fahrfertig präpariert, das gefürchtete »Verschneiden« gibt es nicht mehr.
Jeder Skifahrer sollte die wichtigsten **Pflegearbeiten** kennen und beherrschen.

Die erforderliche Ausrüstung

Feste Einrichtung

notwendig	wünschenswert	perfekt
fester Tisch	Schraubstöcke	Werkbank
Schublade zur Aufbewahrung des Werkzeugs	Werkzeugkasten	Ski-Spannblock mit Auflagen
ausreichende Beleuchtung	Strombuchse	Werkzeug-Steckbrett

Werkzeug

notwendig	wünschenswert	perfekt
Ziehklinge	Kanten-Feilgerät (rechter Winkel)	Wachsgerät mit Wachswanne
Feile	Belaghobel	feiner Schleifstein
Schleifpapier	Flix-Wax-Profi-Wachsgerät	Halterung für Karosseriefeile
Bügeleisen	Nitro-Lösung zum Reinigen	Wachsreiniger
Wachs		Schleifblock

1. Kantenpflege

Messungen der Arbeitsgemeinschaft Skiforschung haben gezeigt, daß man durch gezielte Kantenbearbeitung die Fahreigenschaften des Ski ganz wesentlich verändern kann. Unterschiedlich langes Brechen (Abrunden) der Kanten (mittels Schleifpapier) bringt z. B. deutlich veränderte Kantendruckkräfte auf Eis.

Beispiel:
Mehr Halt und Kanteneinsatz im Schaufelbereich erfordert weniger Brechen vorne, mehr Brechen hinten. Bei der Kantenpflege gibt es keinen Ersatz für sorgfältige Handarbeit! Selbst maschinengeschliffene Kanten müssen von Hand nachgearbeitet werden. Dabei die Stahlkante immer zuerst von der Lauffläche her und dann erst von der Seite her feilen. Grobe Scharten müssen mit einem Ölstein vorbehandelt werden, da sie durch das Verformen gehärtet sind, z. B. durch Steine.

Nun etwas ganz entscheidendes: Nach dem Feilen müssen die Kanten an der Schaufel bis etwa zur Laufrille (ca. 20 cm von der Skispitze) und am Skiende (bis ca. 10 cm vom Skiende) mit Schleifpapier abgerundet werden, damit der Ski gut dreht. Die Mittelabschnitte der Kanten mit einem feinen Schleifpapier (mind. 240) leicht entgraten.

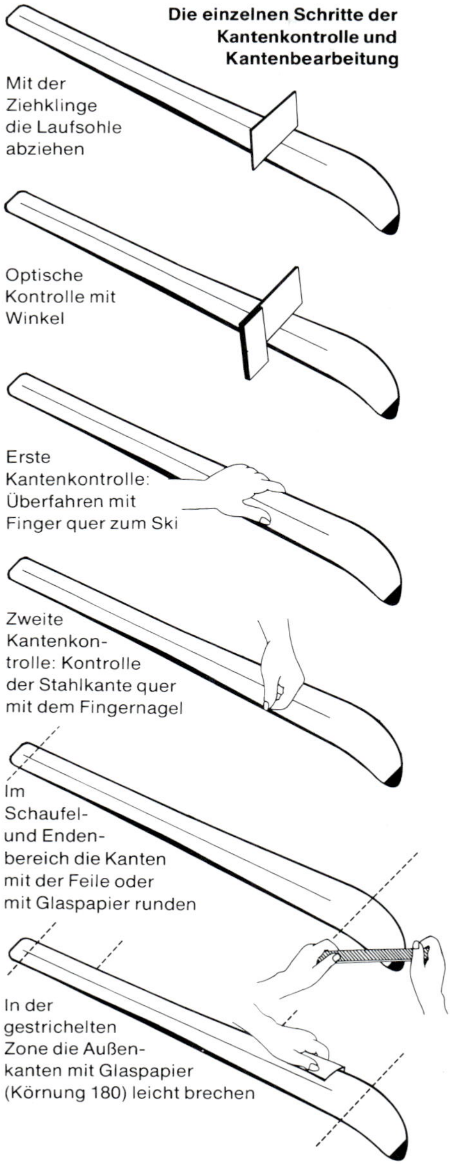

Die einzelnen Schritte der Kantenkontrolle und Kantenbearbeitung

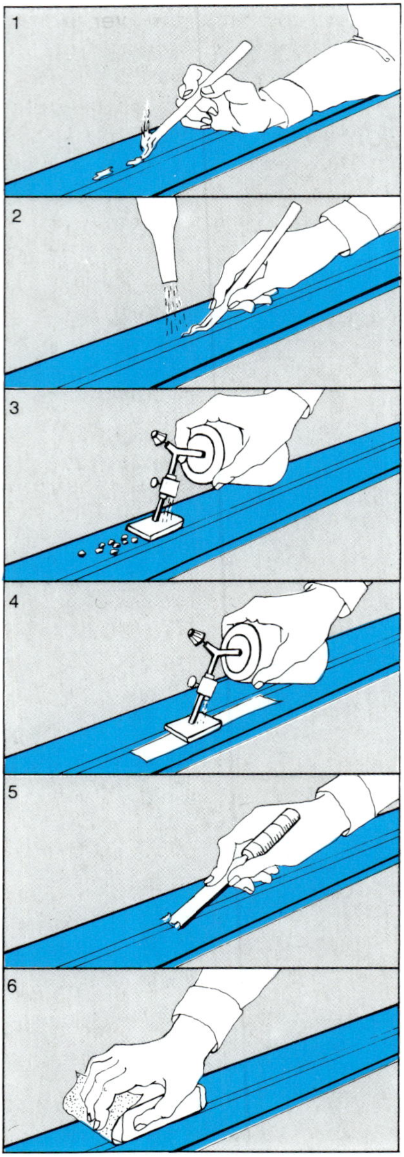

2. Belag ausbessern

Der Belag ist der empfindlichste Teil der Ski und deshalb besonders »verletzungsanfällig«. Grundsätzlich soll vor dem Ausbessern der Belag mit der Ziehklinge abgezogen und gereinigt werden.

Ausbessern mit Fön und Polyäthylenstift (1, 2)
Beim Fönen der Polyäthylenstifte wird wesentlich weniger Belagfläche einer höheren Temperatur ausgesetzt, und dadurch wird die Gefahr des Belagablösens stark vermindert.

Ausbessern mit Repair-Chips (3)
Repair-Chips (Polyäthylenschnitzel mit geringem Schmelzpunkt) werden auf den Belag gelegt und mit dem Bügler oder Bügeleisen eingebügelt. Auf Grund des niedrigen Schmelzpunktes der Chips können größere und kleinere Defekte behoben werden.

Ausbessern mit Hilfe von Belagstreifen (4)
Wesentlich höhere Temperaturen bzw. eine stärkere Flamme des Büglers erfordert das Ausbessern mit Hilfe von Belagstreifen.

Nachbearbeiten von ausgebesserten Stellen (5)
Entfernen der gröbsten Unebenheiten mittels eines Stemmeisens.

Nachschleifen der ausgebesserten Stellen mit Schleifpapier (6).

3. Wachsen der Ski

Nach dem Kantenfeilen oder Belagausbessern bzw. Belagschleifen wird gewachst. Es empfiehlt sich, mehrmals in der Saison das Wachs mit einem Wachsbügler oder Bügeleisen (Stellung Leinen) gründlich in den Belag einzubügeln. Zum Beispiel das Wachs durch Andrücken gegen die Büglerfläche verflüssigen, in zwei Längssträhnen über die Lauffläche verteilen und gleichmäßig einbügeln.

Die einzelnen Schritte beim Wachsen sind:

1 Den Belag mit einem Wachsreiniger gründlich reinigen.

2 Schmelzen des Wachses im Wachsgerät oder in einem kleinen Tiegel.

3 Das Wachs mit dem Pinsel von hinten nach vorne auftragen.

4 Das Wachs in Laufrichtung mit einem Bügeleisen einbügeln und ausreichend einziehen lassen.

5 Säubern der Laufrille und Skikanten mit einem Abziehdreieck (nach ca. 20 Min.).

6 Mit der Abziehklinge den Belag in Laufrichtung abziehen, mit Nylonlappen polieren.

Nach dem Wachsen und Abziehen soll die Lauffläche mit einem weichen Lappen poliert werden. Ein so präparierter Ski ist fahrbereit. Zum Nachwachsen gibt es Tubenwachse oder wachsgetränkte Tücher, die man bequem mit sich führen kann.

Wachsen mit dem Pinsel

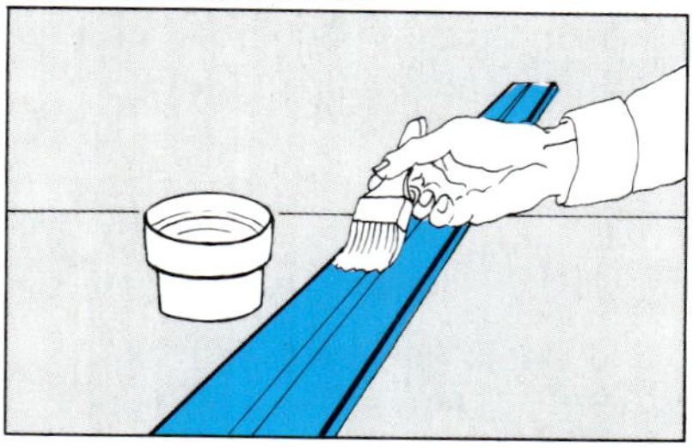

Wachsen mit dem Bügelgerät

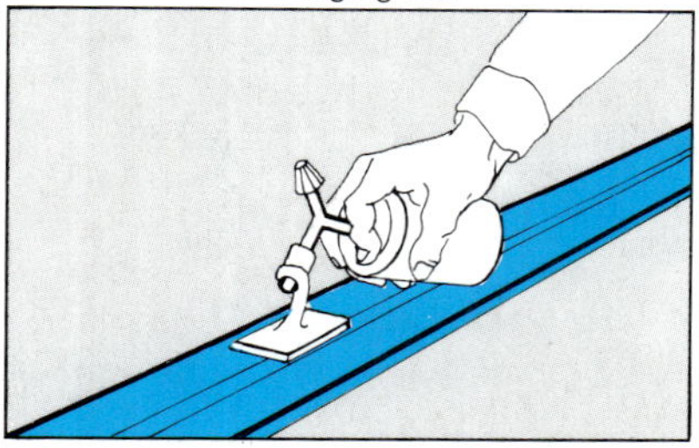

Säubern der Laufrille

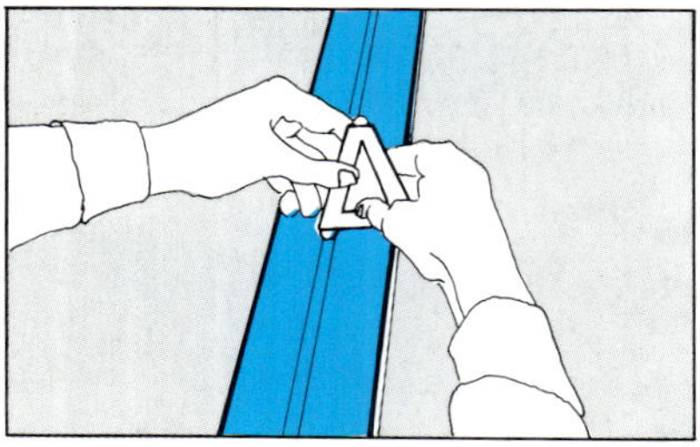

4. »Einmotten der Ski« nach der Saison

Wer die Lebensdauer seiner Ski erhöhen will, der sollte sein »geschundenes« Sportgerät im Frühjahr nicht einfach in die Ecke stellen. Das fachgerechte »Einmotten« besteht aus folgenden Arbeiten:

1. Erst einmal den ganzen Ski gründlich von Schmutz- und Salzresten reinigen. Belag und Oberfläche werden mit einem Wachsentferner-Spray eingesprüht und mit einem weichen Lappen abgewischt.
2. Flugrost an den Kanten wird mit ganz feinem Schmirgelpapier entfernt.
3. Belag ausbessern und Kantenpflege wie vorher beschrieben.
4. Zum Schutz der Kanten und anderer Metallteile während der Lagerzeit vor Rost die Ski mit Paraffinwachs präparieren.
5. Die Skibindung durch ein Kriechöl-Spray vor Korrosion und Verstauben schützen. Nur so ist die volle Funktionsfähigkeit in der nächsten Saison gewährleistet.
6. Lagerung der Ski am besten in einem Skisack an einem Platz, der keinen Temperaturschwankungen ausgesetzt ist.

Internationale Pistenregeln

Diese Regeln werden in den Alpenländern zunehmend zur Grundlage der Rechtsprechung gemacht.

(1) Rücksicht auf die anderen
Jeder Skifahrer muß sich stets so verhalten, daß er keinen anderen gefährdet.

(2) Beherrschung der Geschwindigkeit und der Fahrweise
Jeder Skifahrer muß Geschwindigkeit und Fahrweise seinem Können ebenso wie den Gelände- und Witterungsverhältnissen anpassen.

(3) Wahl der Fahrspur
Der von hinten kommende Skifahrer muß seine Fahrspur so wählen, daß er vor ihm fahrende Skiläufer nicht gefährdet.

(4) Überholen
Überholt werden darf von oben oder von unten, von rechts oder von links, aber immer nur mit einem Abstand, der dem überholten Skifahrer für alle seine Bewegungen genügend Raum läßt.

(5) Pflichten des unteren und des querenden Skifahrers
Jeder Skifahrer, der in eine Abfahrtsstrecke einfahren oder ein Skigelände queren (traversieren)

Ohne Beachtung der Pistenregeln kann das Skiglück ganz schnell im Krankenhaus enden.

will, muß sich zuvor nach oben und unten vergewissern, daß er dies ohne Gefahr für sich und andere tun kann.

⑥ Unterbrechung der Abfahrt
Jeder Skifahrer muß es vermeiden, sich ohne Not an engen oder unübersichtlichen Stellen einer Abfahrtsstrecke aufzuhalten. Ein gestürzter Skifahrer muß eine solche Stelle so schnell wie möglich wieder freimachen.

⑦ Aufstieg
Der aufsteigende Skifahrer darf nur den Rand einer Abfahrtsstrekke benützen; er muß auch diesen bei schlechten Sichtverhältnissen verlassen. Das gleiche gilt für den Skifahrer, der zu Fuß absteigt.

⑧ Beachtung der Zeichen
Jeder Skifahrer muß die Zeichen (Markierungen und Hinweisschilder) auf den Abfahrtsstrecken beachten.

⑨ Verhalten bei Unfällen
Bei Unfällen ist jeder zur Hilfeleistung verpflichtet.

⑩ Ausweispflicht
Jeder, ob Zeuge oder Beteiligter, ob verantwortlich oder nicht, muß bei einem Unfall seine Personalien angeben.
Zusammenstellung:
Deutscher Skiverband in Zusammenarbeit mit der FIS.

DSV-Schleppliftregeln für richtiges Verhalten beim Skifahren

Zusammenstellung: Juristischer Beirat des Deutschen Skiverbandes. Fachliche Beratung: Dr. Dieter Hummel.

(1) Anstellen
Stellen Sie sich geordnet an, bei Tellerliften einzeln, bei Liften mit Doppelbügeln paarweise; so schonen Sie eigene und fremde Ski und vermeiden Stockungen.
Wer sich schon am Lift ärgert, hat auch beim Skifahren keine Freude mehr. Betrachten Sie das Anstehen als Erholungspause und seien Sie fair zu Ihren Partnern.

(2) Einsteigen
Treten Sie zügig an die Einstiegsstelle; nehmen Sie beide Stöcke in die äußere Hand, um die andere für den Schleppanker frei zu haben. Immer häufiger gibt es Schlepplifte mit Selbstbedienung. Dabei müssen Sie – die Ski in Fahrtrichtung – den ankommenden Schleppbügel beobachten.
Bei Doppelbügeln muß sich jeder Partner nach innen drehen, um mit der inneren Hand den Anker greifen zu können.

(3) Anfahren
Setzen Sie sich nicht auf den Schleppbügel! Bleiben Sie stehen, lehnen Sie sich leicht gegen den Bügel und lassen Sie sich schieben.
Gleitende Schritte in Fahrtrichtung erleichtern das Anfahren.

(4) Verhalten während der Fahrt
Belasten Sie bei offener Skiführung beide Ski gleichmäßig. Lehnen Sie sich weder nach außen noch auf den Partner, dann halten Sie das Gleichgewicht besser.
Schwierigkeiten gibt es häufig bei ungleichen Partnern. Deshalb sollten Sie beim Anstehen möglichst einen Partner wählen, der etwa gleich groß und gleich schwer ist.

(5) Spur halten
Bleiben Sie in der Schleppspur, fahren Sie nicht »Slalom« und steigen Sie nicht vorzeitig aus, sonst gefährden Sie sich und andere.

(6) Verhalten nach einem Sturz
Wer in der Liftspur stürzt, muß sich bemühen, die Spur sofort frei zu machen. Nachfolger können kaum ausweichen.

(7) Vorbereitung auf den Ausstieg
Bereiten Sie sich rechtzeitig auf das Aussteigen vor. Achten Sie darauf, daß sich der Schleppbügel nicht in Ihrer Kleidung verfängt!

(8) Aussteigen
Steigen Sie zügig aus. Lassen Sie den Bügel in Fahrtrichtung aus und werfen Sie ihn nicht achtlos zur Seite.

(9) Verlassen der Ausstiegsstelle
Verlassen Sie die Ausstiegsstelle sofort. Machen Sie Platz für nachfolgende Skifahrer, damit es nicht zu Kollisionen kommt oder Sie von einem pendelnden Liftbügel getroffen werden.
Insbesondere größere Gruppen sollten sich in genügendem Abstand von der Ausstiegsstelle sammeln.

DSV-Tips für Sesselliftfahrer

(1) Geordnet anstellen, Anweisungen beachten:
Unterlassen Sie bitte unsportliches Drängeln und reihen Sie sich ordnungsgemäß ein. Beachten Sie Anweisungen des Liftpersonals und der Skiwacht, auch im Anstellbereich. Zeigen Sie Körperbehinderungen oder Mitnahme von Kindern dem Liftpersonal rechtzeitig vor dem Einsteigen an.

(2) Sicherheitsbügel schließen, Ski ruhig halten:
Schließen Sie den Sicherheitsbügel am Sessel und halten Sie die Ski ruhig. Beim Zusammenschlagen der Ski kann die Bindung aufgehen.

(3) Nicht schaukeln:
Halten Sie die Ski in Fahrtrichtung und schaukeln sie nicht.

(4) Rauchverbot beachten:
Durch Rauchen gefährden Sie nicht nur wertvollen Waldbestand, sondern unter Umständen auch Leben und Gesundheit vieler Menschen.

(5) Nicht abspringen oder aussteigen:
Behalten Sie bis zur Ankunft am Ziel Ihren Platz bei. Der Abstand zum Boden ist immer größer, als Sie meinen.

(6) Zügig aussteigen:
Öffnen Sie vor der Ankunft den Sicherheitsbügel rechtzeitig und heben Sie die Skispitzen an. Verlassen Sie den Aussteigeplatz zügig in der angezeigten Richtung. Trödeln gefährdet Sie und andere.

DSV-Tips zum Verhalten gegenüber Pistenraupen

(1) Eigene Sorgfalt des Skifahrers
Pistenraupen müssen manchmal während des Skibetriebs und auch bei schlechtem Wetter eingesetzt werden. Unabhängig von den Pflichten der Pistenraupenfahrer gegenüber dem Skibetrieb soll sich der Skifahrer stets vor Augen halten, daß Pistenraupen schwer lenkbar sind und ihr Fahrer nicht immer die Möglichkeit hat, das Gelände rundum voll einzusehen.

(2) Abstand halten
Einer erkennbar in Betrieb befindlichen Pistenraupe soll der Skifahrer nicht zu nahe kommen. Sein Sicherheitsabstand wird auch bei guter Sicht nach hinten/vorn 15 m, zur Seite 3 m nicht unterschreiten dürfen.

(3) Nicht anhängen
Nur wenn gute Sicht ihm die Einhaltung des Abstandes ermöglicht, wird der Skifahrer einer Pistenrau-

pe nachfahren dürfen. Das Gerät kann plötzlich einmal anhalten. Sich an die Raupe anhängen, sollte auch ein guter Skifahrer niemals.

(4) Manchmal verdeckt
Pistenraupen müssen auch im nicht einsehbaren Gelände arbeiten und tauchen dann plötzlich vor dem Skifahrer auf; mit ein Grund für ihn, nur auf Sicht zu fahren.

(5) Raupe hat Vorfahrt
Nicht die Pistenraupe hat den Skifahrer vorbeizulassen, sondern umgekehrt. Er soll sich deshalb stets vergewissern, wohin sie fährt und ob sie nicht ihre Richtung ändert. An Engstellen soll er lieber anhalten, bis sie vorbei ist.

(6) Pistenraupen können abrutschen
Am steileren Hang kann die Raupe ins Rutschen kommen. Der unterhalb befindliche Skifahrer soll sie deshalb sorgfältig im Auge haben und reichlich Abstand halten.

(7) Sich bemerkbar machen
Kann der Skifahrer – vielleicht, weil er gestürzt ist oder einen Schaden hat – der Pistenraupe nicht schnell genug Platz machen, dann soll er Zeichen geben, damit der Fahrer ihn sieht. Wenn nötig sollen auch andere in der Nähe befindliche Skifahrer den Lenker warnen.

Anstellen am Lift – für viele ein Alptraum.

Pisten- und Loipenmarkierung

Die Pisten- und Loipenmarkierung wird gegenwärtig international einheitlich genormt, da es verschiedentliche Abweichungen gibt. Im großen und ganzen jedoch wird nach einheitlichen Gesichtspunkten bereits jetzt schon in allen Alpenländern vorgegangen. Über die folgenden Bestimmungen und Markierungszeichen ist Übereinstimmung erzielt worden.
Pisten und neuerdings auch Loipen werden je nach Schwierigkeitsgrad in drei verschiedenen Farben markiert:

blau	= leichte Piste und Loipe
rot	= mittelschwere Piste und Loipe
schwarz	= schwere Piste und Loipe

Ausnahmen: In Italien werden zusätzlich sehr leichte Pisten und Loipen in grüner Farbe markiert. In der Schweiz werden Loipen nicht auf die beschriebene Weise gekennzeichnet: Die Markierungsfarbe ist dort einheitlich gelb.

Streckenmarkierungsschilder

Die runden Streckenmarkierungsschilder in den genannten Farben blau, rot und schwarz können verschiedene Informationshinweise enthalten:

- Entweder eine Streckenbezeichnung (Piste oder Loipe »Olympia«) oder eine konstante Ziffer zur Kennzeichnung einer bestimmten Strecke (Piste oder Loipe 3).
- Kleine fortlaufende Ziffern: Sie geben auf Pisten die Reihenfolge der Schilder an, wobei mit der höchsten Ziffer bei der Bergstation begonnen wird (bei Skiunfällen kann anhand der Ziffer des nächststehenden Markierungsschildes der Unfallort beim Rettungsdienst genau angegeben werden).
- Kilometer-Angaben bei Loipen.

Pistenmarkierungsschild »leicht«

Pistenmarkierungsschild »mittelschwer«

Loipenmarkierungsschild »schwer«

Gefahrenschilder

Neben den aus dem Straßenverkehr bekannten Schildern ist das Gefahrenschild »Achtung! Pistenraupe unterwegs« von den Skifahrern besonders zu beachten.

Allgemeines Gefahrenschild

Pistenraupe unterwegs

Gebotsschilder
Gebotsschilder sind derzeit in ihrer Form noch sehr uneinheitlich. Künftig werden weiße Symbole auf blauem Grund verwendet. Gebotsschilder signalisieren dem Skifahrer wichtige Verhaltensweisen.

Skispitzen anheben (Bei der Einfahrt in die Sessellift-Bergstation)

Bügel öffnen

Verbotsschilder
Verbotsschilder sind von den Skisportlern unbedingt zu beachten, weil sie sich sonst in jedem Falle gefährden. Beispiele:

Slalomfahren in der Lifttrasse verboten

Schaukeln verboten

Hinweisschilder
Hinweisschilder sind derzeit ebenfalls noch sehr unterschiedlich, künftig werden sie weiße Symbole auf grünem Grund tragen.

Erste Hilfe

Rettungsnotruf

Lawinenschilder
Von allen Schildern müssen von den Skifahrern die Lawinenschilder am striktesten befolgt werden, denn **Lawinengefahr bedeutet stets: Lebensgefahr.** Das gelb-schwarze Sperrschild signalisiert, daß eine Piste oder Loipe wegen Lawinengefahr gesperrt ist und sie in gar keinem Fall befahren oder begangen werden darf.

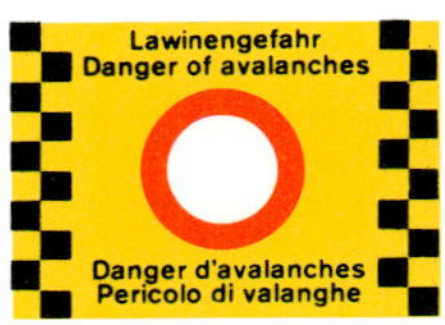

Das Lawinenwarnschild mit der Weißen Hand signalisiert dem Skifahrer, daß an dieser Stelle außerhalb der Piste oder Loipe Lawinengefahr besteht. Wenn in dieser Situation im markierten Gelände Pisten und Loipen nicht gesperrt sind, kann man in diesem Bereich – aber nur in diesem! – gesichert Skisport treiben.

Anschrift der Lawinenwarndienststelle	Telefontonband (Lawinenlagebericht)	Besondere Beratung während der Dienststunden
Bayern Bayer. Landesamt für Wasserwirtschaft – Lawinenwarnzentrale – Lazarettstraße 67, 8000 München 19	089/1210-1210	089/1210-1555
Tirol Amt der Tiroler Landesregierung Abtl. If – Lawinenwarndienst – Landhaus, A-6010 Innsbruck	0043/512-1587	0043/512-581839
Salzburg Wetterdienststelle Salzburg Postfach 6, A-5035 Salzburg	0043/662-1588	0043/662-8042-2170
Vorarlberg Landeswasserbauamt Montfortstraße 2, A-6900 Bregenz	0043/5552-1587	0043/5574-511-4308
Steiermark Amt der Steiermärkischen Landesregierung Landhaus, A-8011 Graz	0043/316-1549	0043/316-295116 -292254
Oberösterreich Amt der Oberösterr. Landesregierung – Landesbaudirektion – Kärtnerstraße 12, A-4020 Linz	0043/732-1587	0043/732-584-2412
Kärnten Amt der Kärntner Landesregierung Arnulfplatz 1, A-9020 Klagenfurt	0043/463-1566	0043/463-53631508
Italien (Südtirol) Servizio Valanghe Italiano Mia Manro 67, I-28037 Domodossola	0039/471-271177 (in deutsch)	0039/471-43208
Schweiz Eidgenöss. Institut für Schnee- und Lawinenforschung CH-7260 Weißfluhjoch-Davos	0041/81-187	0041/81-463264

Alarmierung der Bergrettung bei Alpinunfällen:
Schweizerische Rettungsflugwacht (1)3831111
Deutschland, Rettungsleitstellen 19222
Österreich, Rettungsleitstellen 0512/594444
Südtirol, Bergrettungsdienst 0471/981981